40代で資産1億円！

寝ながら稼げる グ〜タラ 投資術

月間100万PVの人気ブログ「たぱぞうの米国株投資」管理人
たぱぞう

初心者でもできる、はじめての「米国株」投資

――私は米国《よねくに》 株子《かぶこ》
ただいまー
アラサーの独身OL
趣味なし・彼氏なし
仕事だけそこそこ
頑張ってる干物女…
アラサーになってから
時々襲い来る
漠然とした不安…
は～
今日も
つかれた～
毎日ただ流れに身を任せ
これといった夢もなし…
こんな私は将来ひとりで
やっていけるだろうか…?
まあでも預金だけは
毎月ちゃんと
してるから…
老後の生活は
どうにかなるよね★
ゴロ…
ちょい
待ち!
キラーーン!
その考えは
非常にまずい
たぱ!
ガバッ
やっぱ夢も
彼氏もないのは
まずいかなぁ?!
いや、そこは
どうでもいいたぱ
将来に向けての備えが
銀行預金だけって所!!

えっでも私 結構がんばって 貯めて…
うん
でも一生食べてける ほどじゃないでしょ?
ズバッ
ブっ…
もしもこの先 君が病気やケガで 働けなくなったら 預金を食いつぶして 生活することになる…
だけど 預金じゃ資産は 増えないってのが 問題なんだたぱ! 利息なんて 微々たるものだから…
ズモモ
モモ…
あわわ…
真に堅実な 将来への備えとは 自分が働けなくなっても お金がお金を稼いでくれる 状態を作ること…
つまり投資を することたぱ!
と、投資かぁ~… 実はちらっと考えた ことはあったけど…
難しくて よく分からないし なんだか怖くて…
怖いのは君が 投資の仕組みを 知らないから!
投資って本来は ハイリスク・ ハイリターンな ギャンブルではないよ
堅実にコツコツと 資産を増やせる 方法もあるたぱ
へぇ~~

ハッ
ていうか…あなた誰?!
よろしくね!
やあ! 私はたぱぞう!
君の将来を守るために未来からやってきた投資指南ヒーローさ!
テテーン!
30年後の夢も希望も貯蓄も尽きた君に頼まれて過去を変えに来たぱ
株子ちゃん…!
えっ
私そんなことになってるの?! こんなに一所懸命に預金してるのにっ!
よぼぼ…
そう、君は浪費もせずコツコツ貯蓄していた…ちゃんと守りの資産形成はできていたぱ(えらいぞ!)
だけど残念ながらそれだけでは蓄えが足らなかった…
…だから私は来たのさ!
預金+投資の二重の構えで君の資産をさらに強固にするために!
アタッカー(投資)をプラスして資産形成力をアップしよう!
預金…守り
何かあった時のための備蓄
投資…攻め
資産を増やすための仕組み作り
おお…!

攻撃こそ最大の防御！今の時代守るだけじゃ生き残りはなかなか難しいたぱ
あわわ…
わ、私は一体どうしたら…
安心して！今からでも遅くない！投資について一緒に勉強しよう
ぐっ
私が簡単（初心者向き）で堅実（少額コツコツ積み上げ型）で楽チン（ほったらかしでOK）な投資方法を伝授するたぱ！
大丈夫！小学生にもわかるくらい簡単に説明するよ！
さあ！君の将来を助けるためにがんばろう！
おー！
おっ
おおー！
すやっ…
経済とかお金の計算が苦手な私でもできるかな…?!難しい話を聞くと眠気が……
ねないで
ノキュ

はじめに

年金が当てにならない時代で投資をするということ

はじめまして、たぱぞうと申します。「たぱぞうの米国株投資」というブログで、お金のことを中心に文章を書いています。おかげさまで、ブログは毎月100万ページビューあり、多くの方に読んでいただいています。

私がメインでお伝えしているのは、ブログタイトルの通りですが「米国株投資」です。**「アメリカの会社の株式を買ってお金を増やそう」**ということですね。

なぜ米国株投資なのか？　理由は単純です。

素人が手間暇かけずにお金を増やし、安定的な不労所得を獲得するには、米国株投資がもっとも簡単で確実な方法である、と考えているからです。

実際、私も最初は日本株に投資していましたが、2008年のリーマン・ショックを機に米国株投資に切り替えました。

そして40代のいま、1億円弱の資産を築いたので会社をやめ、資産管理会社の運営という名のセミリタイア生活を送っています。


人が投資に興味を持つ理由はさまざまだと思います。

ただ、私のブログ読者さんのコメントを見たり、私が主催しているセミナーのメンバーに話を聞いたりすると、多くの人が抱いているのは**「老後の資金をいまから準備しておかなきゃ」**という不安感です。

実際、2019年6月3日、金融庁は「95歳まで生きるには、夫婦で約2000万円の金融資産の取り崩しが必要になる」という試算を発表して、話題になりました。30年後には公的年金の支給水準が2割減るという厚生労働省の試算も公表されましたね。

これは要するに、

「年金に頼らず、みなさん現役世代のときから自力で資産運用してくださいね」

ということです。これはメディアやSNSで話題になり、「老後資金2000万円問題」などと呼ばれていますね（ただしこの話題、お金に無頓着な人は本当に知らないので、情報のギャップが激しいです）。

この2000万円をコツコツ貯金だけでつくるのはかなり厳しいです。

たとえば、30歳の男性が毎月3万円ずつ貯金しても、30年後（60歳）には1080万円にしかなりません。全然足りないですね。

でも、**月3万円を投資に回して、たとえば年利5%で運用できたら、30年後には2500万円になるのです。**貯金しているよりも1400万円くらい増えるわけです。これはかなり大きな違いです。

ただ、ここで早合点しないでいただきたいのは、老後資金2000万円を貯めるために絶対に投資をしないといけないわけではない、という点です。

これからも日本で少子高齢化が進み、年金の受給が相対的に減ってしまうのは避けられないことですが、それならその受給額と自分の貯金の枠のなかで生活を

毎月3万円、年利5％で30年間投資した場合の積立金額と運用成果

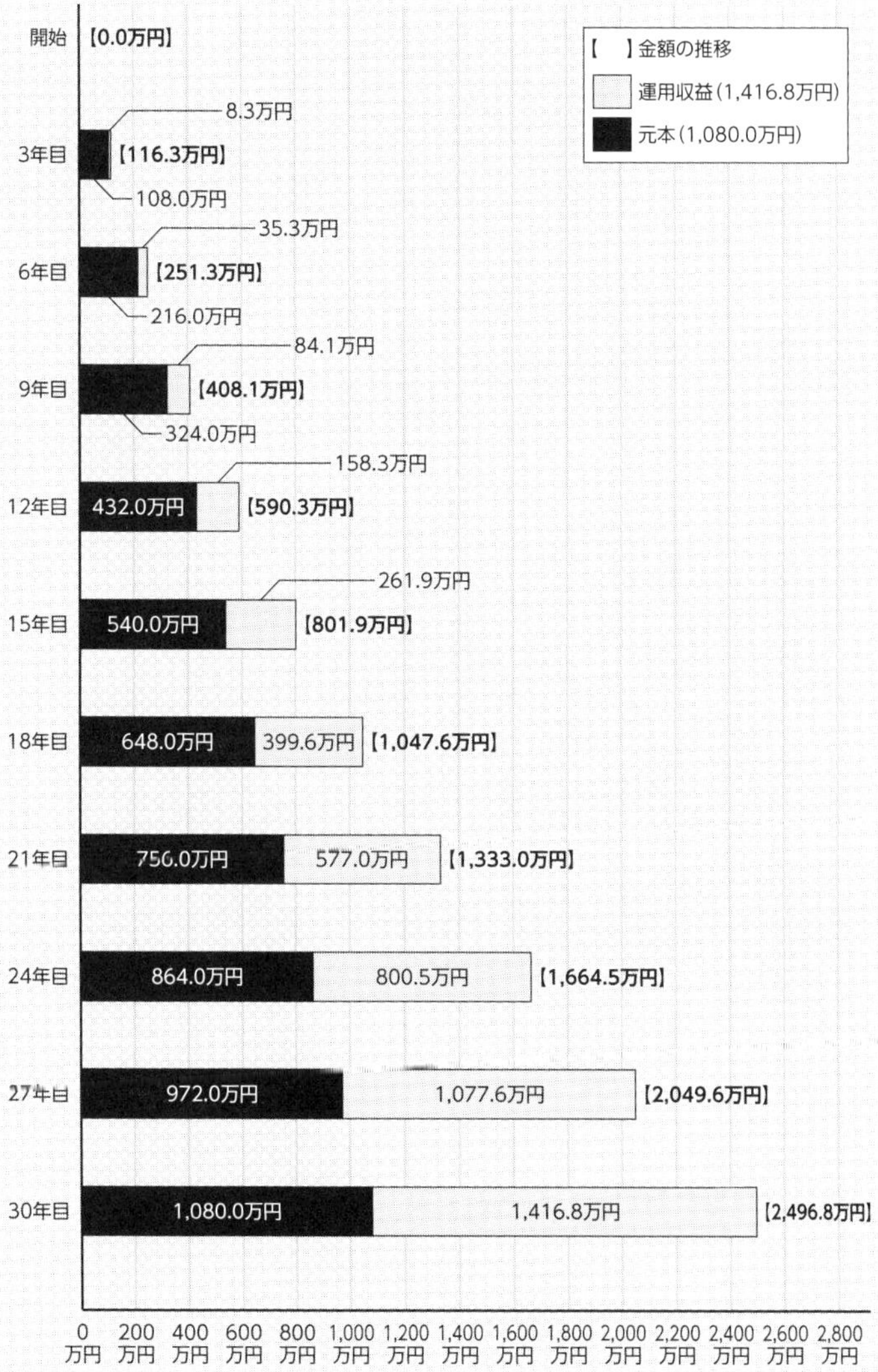

サイズダウンしてやりくりしていくという選択肢もあります。

投資はリスクが伴いますから、自分が納得してやることが大事です。危機感に煽《あお》られて、わけもわからないまま始めるのはやめたほうがいいと思います。

私が本書で紹介する投資術も、世の中のほかの投資術と比べて「安全・着実」というだけで、資産が目減りする可能性がゼロなわけではありませんからね。

ただ、高齢になると思わぬ病気や怪我で急な入院になることもありますから、やはり**日々の生活費のほかに1人500万円くらいのキャッシュ（現金）は確保しておいたほうがいい**と思っています。

医療費は高額療養費制度や民間の保険である程度はカバーできますが、それでも差額ベッド代やリネン代（ベッドシーツなどのクリーニング代）、食費など、保険でまかなえない支出が月々20〜30万円ほどかかる例も稀ではありません。

現金はいざというときのために必要な金額を確保しておいて、それ以外は投資に回して増やしながら、資産運用で資産を最大化していく。これが1つの理想でしょう。

そこで本書では、ゆとりある老後を確保するためにも、長期にわたって安定的に資産を形成し、将来的には配当金で生活していける手段として、投資初心者でも簡単にできる「米国株投資」のやり方をご紹介していきます。

日本人の投資初心者が犯しがちなミス

日本人の投資初心者さんはまず、日本の株式や投資信託を買おうとします。普段の生活に馴染みのある企業の株式を買ったりしようとするわけですね。

でも、これがそもそもの間違いです。というのも、**日本の株式市場は世界で見ても、素人が長期にわたって儲け続けるのがかなり難しい環境**だからです。

くわしくは第2章で説明しますが、日本はこれから人口が減り、増える見込みはありません。また、日本企業は株主を軽視する傾向が強く、株主には厳しい環境です。

短期投資でギャンブル的に儲けるならいざ知らず、数十年後を見据えて長期投資をしやすい環境とはいえません。

株式投資には大事なポイントがあります。

（1）投資する「国」

（2）投資する「時機」

（3）投資する「対象」

この3つです。このいずれもが適正であれば、高い確率で勝てます。

多くの人は（2）の「時機」と（3）の「対象」は重視してじっくり選びますが、意外と（1）を忘れてしまいます。

でも、ここが大事なんです。

「どの株式銘柄を買うか」よりも、まず先に**「どの国の市場の株式銘柄を買うか」**を考えなければいけません。

では、どういう国を選べばいいのでしょうか。

「投資する国」を選ぶポイントは、突き詰めれば次の2つだけです。

- **成長国である**
- **法整備がきちんとされている**

成長国とは、要するに**「人口が増えている国」**です。

とくに働く人（労働人口）の割合が増え、結果として経済成長する形が理想です。この状態を「人口ボーナス」と呼びます。人口が増えているかを知るのは簡単です。世界統計を調べればすぐにわかります。

くわしくは第3章で説明しますが、この2つの基準に照らし合わせれば、ズバリ**「最適解はアメリカしかない」**ということになります。

人口が増え続けていて、勢いのある企業も多く、株主を大事にする法制度や土壌がある。これらの条件を満たすのは、世界を見渡しても、いまのところアメリカ以外にありません。

堅実に資産を増やしたいなら、日本の株式市場でがんばるよりも、アメリカ市場で増やしたほうがずっとラクです。

それに私の紹介する投資方法なら、株価をこまめにチェックしたり、買い時や売り時を考えてタイミングを見計らったりする必要もありません。むしろ、グータラで、ものぐさな人ほど、長期の米国株投資が向いているのです。

本書では私の経験をベースに、投資をこれまでまったくしたことがない方でもわかるように、投資の心構えと、実際の米国株投資の手法をまとめました。

本書を読めば老後は絶対安泰、とは、残念ながら断言できません。

ただ、本書を真剣に読み込み、コツコツと実践していけば、ただ貯金をしたり、場当たり的な投資を繰り返したりするよりも、はるかに高い確率で経済的・精神的な豊かさを手に入れることはできるはずだと私は確信しています。

だれもがマネできる、シンプルな投資術を示しましたので、ご一読いただければと思います。

もくじ

第2章 それでも日本株を持ちますか？

第3章

やっぱりアメリカが最強なこれだけの理由

第4章

初心者がいますぐ買うべき米国投信はこの2+1本

第5章 投資の軍資金はこうやってつくる

第6章 投資に慣れたら「ドル」で取引しよう

本書の内容は筆者個人の見解であり、情報の利用の結果として何らかの損害、及び逸失利益が発生した場合でも、筆者及び出版社は理由のいかんを問わず、責任を負いません。投資対象及び商品の選択など、投資にかかる最終決定は、ご自身で判断なさるようお願いいたします。

第1章

素人が投資で勝つための基本戦略

銀行預金で貯金が2倍になるには7200年かかる

日本ではいまだに、資産の大半を「現金」や「預貯金」で持っている人が多いですよね。でも、日々の生活に必要なお金はともかく、余ったお金を銀行に預けることは決していい方法ではありません。

というのも、**銀行に無駄に多くのお金を預けるのは、銀行から融資を引きたい場合を除いてほとんど意味がない**からです。

昨今では、利子が高めとされるネット銀行でも金利1%台はまったく見なくなりました。0・01〜0・02%というのが当たり前な状況です。

これがどれだけひどい状況なのかを判断するには、「72の法則」と呼ばれる計算式が役立ちます。

72÷利息(%)=預けたお金が2倍になるのにかかる時間(年)

たとえば、金利0・01％の銀行預金100万円が2倍の200万円になるには、何年かかるのでしょうか。

「72の法則」に従って計算すると、7200年となります。

いまから7200年前は縄文時代ですね。気が遠くなるような時間がかかるわけです。

このような話をすると「でも、銀行預金は株式投資のように減るリスクはないから安全だ」という人もいます。

これは半分正解で、半分間違っています。

たしかに、銀行預金には「預金保険制度（ペイオフ）」というものがあります。万が一、銀行が経営破たんしても、預金1000万円とその利息までなら保護されます。その意味で、預けたお金が物理的に減ることはありません。

しかし「価値」も変わらないかというと、その保証はだれもしてくれません。

お金の価値が下がることをインフレーション（インフレ）といいます。

インフレが起きて、世の中のいろいろな物価が上がると、結果的に、預けているお金の価値はどんどん下がり続けることになります。

日本国内だけで見ると、長らくお金の価値が上がるデフレーション（デフレ）で、物価は下落傾向にありました。ですが、日本以外の諸外国の多くはインフレでした。

為替相場はボックス圏（一定の上下幅のなかで動くこと）にありますから、日本も世界の相対で見れば緩やかにインフレになっていたのです。

最近は外国人観光客が増えてインバウンド景気などと呼ばれていますが、その背景はそういうことです。

日本の銀行にお金を預け続けていると、世界のインフレの影響を受け続ける。

このことは知っておいていいでしょう。

日本円に限らず、通貨の価値は基本的には減っていくのです。

銀行は投資をする場所ではありません

余ったお金を運用するとき、基本的に銀行のお世話になるということはありません。

銀行はあくまで普段使うためのお金を一時的に預けるだけの場所であり、投資をする場所ではないと考えておいたほうがいいでしょう。

ただし、例外もあります。

投資初心者が株式投資の一歩手前のベイビーステップとして経験値をつけるために、「あえて、ネット銀行の定期預金から始める」ということであれば、相応の意味があるともいえます。

理由は次の３つです。

❶ほとんど増えないが、元本割れはしない。

❷わずかながら金利の効果を実感できる。

❸インターネットで金融商品を購入することの抵抗感を少なくする。

投資の初心者にとって元本割れ（最初の投資金額よりも減ってしまうこと）はショックが大きく、やる気を失うことにつながります。

とくに夫婦や親子で投資に対する意欲に差がある場合、相手の納得を得ないまま強引に投資を始め、損を出すと、家族の仲に亀裂が生じかねません。

豊かさを手に入れるために投資をしようとしたのに、こうなってしまったら本末転倒ですよね。

そこで、**投資にアレルギーのある人（あるいはアレルギーのある人が家族にいる人）は、まず元本割れのないネット銀行の定期預金から始めて、投資に対して免疫をつけてみてもいいかもしれません。**

定期預金の金利は低いですが、普通預金に比べれば多少なりとも利益を得られるわけですから、投資を始めるいいきっかけになるでしょう。

いまの株式投資はオンラインでの手続きが基本ですから、その後を見据えてネットでの金融取引に慣れておくと、その後の投資がスムーズです。

なお、ネットバンキングには、メガバンクなど既存の銀行が行っているものと、すべてのサービスをオンラインで完結させる「インターネット専業銀行（ネット銀行）」があります。

私はだんぜん、後者のネット銀行をお勧めします。

インターネット専業銀行は店舗の維持費や人件費などのコストが抑えられているため、金利が比較的高く設定されていたり、振り込み手数料が安くなっていたりと、いろいろ有利だからです。

操作に慣れれば、スムーズに取引をすることができます。

インターネット専業銀行には、「ジャパンネット銀行」や「じぶん銀行」などいくつかあります。

のちのち投資をすることを考えるなら、**「住信SBIネット銀行」**や**「楽天銀行」**など、自社のネット証券と紐づいている銀行はお勧めです。

将来的に株式投資に発展させるときに使い勝手がよいからです。

投資の入り口として最適とはいえ、昨今は定期預金に金利の魅力は少ないですね。

人口減少社会にあっては、金利が上昇する可能性もしばらくは低いといってよいでしょう。

しかし、ネットでお金を管理し、ネットで株式投資、つみたて投資をするという最初のステップとして適しています。

インターネットの投資に抵抗がある人は、まずネット銀行を使ってみて、使い勝手のよさを実感することから始めるというのも悪くありません。

外貨預金は「微妙」すぎる

日本の銀行預金の低金利について説明したため、「金利の高い外貨預金は資産運用の方法としてどうなの？」と思われる方もいるかもしれません。

外貨預金というのは、日本円を米ドルやユーロなどに替えて貯金することです。

結論から述べると、外貨預金は「微妙」です。

なぜかというと、得られるリターンの割に手数料が高く、効率的ではないからです。少なくとも、メインの投資先にはなり得ません。

外貨預金の場合、まず外貨（米ドルやユーロ）に替えるときに為替手数料を取られ、それをまた円に戻すときにもう一度為替手数料を取られます。

手数料は銀行によって差がありますが、安くてもだいたい1ドルにつき0・1

円〜0・05円くらいです。そうすると、1ドル100円のときに100万円（1万ドル）を外貨預金する場合、1000円〜5000円くらいの手数料を取られてしまうわけですね。これはなかなかもったいないです。

金利状況によっては、受け取る金利を手数料が上回る、典型的な〝ダメな金融商品〟という可能性があります。

やる場合は、手数料に見合っているか、きちんと確認しましょうね。

それと、**為替変動のリスクもあります。**

たとえば1ドル100円のときに、100ドル（1万円）の外貨預金（米ドル）をしたとします。

これに金利がついて103ドルに増えても、円に戻すときの為替相場が1ドル90円になっていたら、戻ってくるお金は「90円×103ドル＝9270円」です。これでは払ったお金より戻ってくるお金が少なくなってしまいます（もちろん、別途手数料はしっかり取られます）。

トルコリラや南アフリカランドなどの新興国通貨は10％近くの高い金利がつくこともあるのですが、その分、為替変動リスクも大きくなる欠点があります。

そして、**リスクがある割に、得られるリターンは大きくありません。**

そのため、投資方法としてはきわめて「微妙」だといわざるを得ないわけです。少なくとも、不労所得を得る主要な手段にはなり得ませんね。

なお、本書ではのちのち、「日本円を米ドルに両替をして、米国株に投資をする方法」を紹介します。

これを実行すると、必然的に外貨預金を持つことになります。ドルにした資金は米国株式に投資したほうがいいですが、いくらかの資金はドルで残ります。そのとき、ドルのまま置くよりも**「外貨建てMMF」**にしたほうがいいでしょう。

MMFはリスクの少ない債券を中心とした「証券会社版の預金」のようなもので、元本を下回ることはほぼありません。その分、高い利回りは期待できませんが、モノによっては外貨預金よりも若干利回りはよくなっています。

「不労所得」とはなんなのか？

というわけで、ここから「株式」の話です。

まず、**「株式とはなにか」**を簡単に押さえておきましょう。

企業がビジネスを行うにはお金が必要です。銀行から借りたりもしますが、それだけでは足りないことがあります。

そこで、広く一般の人にもお金を出してもらおうと考えます。お金を出して投資をしてくれた人（株主）に対して、投資を受けた企業（株式会社）が「お金を出してもらいました」という証拠として発行するものが株式です。

つまり「出資証明書」のようなもので、かつては紙ベースでの株券でしたので、自宅に郵送されたりしました。いまは電子化されているので、株券が手元に届くことは基本的にはありません。

株主になると「会社の一部を配当金としてもらう」「株主優待をもらう」「株主総会に参加する」といった、さまざまな権利を与えられます。

さらに、株式は公開すると、その権利を株式市場で自由に売買できるようになります。安く買って高く売れれば、売却益を手にすることも可能です。

こうした売買を1日の間に何度も繰り返して収入を得る手法を「デイトレード」といい、デイトレードで多額の利益を得ている人も一定数います。

しかし、**デイトレードはハイリスク・ハイリターンです。**短期的な株価の上がり下がりを正確に読んで利益を出し続けることはとても難しいですから、相場を読み間違えて大損するリスクもつきまといます。

私が本書でご紹介するのは、デイトレードのような短期的な売買で利益を得ることではなく、20～30年単位で長期的に米国株を保有しながら、安定的な不労所得を得ることです。

なぜ、このような長い時間をかけるものをお勧めするのか。

この理由を、**「フローによる収入」**と**「ストックによる収入」**の違いから説明していきますね。

その収入に〈アクティビティ〉は必要か

「フローによる収入」の代表格は、会社から受け取るお給料です。自分でビジネスをしている人であれば事業で得た収入もこれに当たりますし、副業による収入なども含まれます。

これらは多くの人にとって主な収入源であり、「安定収入」と考えられているのではないでしょうか。しかし、「フローによる収入」は**〈アクティビティ〉**が前提となっているがゆえに、じつは安定しているとは言い切れません。

たとえば、もし健康を損なったり、事故にあったりして、収入の前提となる〈アクティビティ〉ができなくなれば、たちまち収入が断たれてしまいます。また自分が元気でも、勤めている会社が倒産したり、事業の取引先がなくなってしまったりすれば、やはり〈アクティビティ〉が続けられなくなるわけですから、収入が減り、家計にとって打撃になるはずです。

ちなみに、私はサラリーマン時代から、本業以外に投資顧問会社のアドバイザーとしての報酬を受け取ったり、経済・株式系レポートの納品、セミナーなどからも収入を得ています。

ただ、これらも私のなかでは「フローによる収入」と捉えています。時代をつねにキャッチアップしながら、情報を更新し続けなくてはならず、放っておけば収入が減ってしまうものだからです。

そういった意味では、**デイトレードも「フローによる収入」です。**うまくいけば大きな利益を出せますが、つねに株価の動きを見て注文を出し続ける〈アクティビティ〉が必要だからです。手を止めると途端に収入が途絶えます。

一方、「ストックによる収入」は、自分の資産から得られる収入であり、要するに**「自分がなにもしなくても勝手に入ってくる収入」**です。
具体的には、次のようなものが挙げられます。

・株式（とくに配当金収入）
・不動産の賃料収入（相応のメンテナンスは必要）
・債券などの金融資産の利息
・ロングセラーになった本や音楽の印税

こうした収入は、よほどのことがない限り、永遠に富を生み続けてくれます。

しかも、「フローによる収入」とは異なり、たとえ自分の健康状態が悪くなっても、変わらず収入を生み出し続けてくれるため、安心です。これがいわゆる**「不労所得」**というやつですね。

多くの人は「フローによる収入」に偏《かたよ》っていると思いますが、だからこそ「ストックによる収入」をつくり出してバランスをとることが大事になります。

不労所得を手にするための3ステップ

「フローによる収入」「ストックによる収入」と似た概念ですが、投資を行ううえで覚えておいてほしい言葉がもう少しあります。

まずは**「キャピタルゲイン」**と**「インカム」**です。

キャピタルゲインとは、簡単に説明すると「売却益」のことです。100万円で買った株式を120万円で売却できれば、税引き前で20万円の利益を得たことになりますよね。この20万円がキャピタルゲインです。

一方、インカムは資産を保有していることによって得られる収益です。先ほどの例でいえば、100万円で買った株式を持ち続けていると、毎年3万円の配当金がもらえるとしたら、この3万円がインカムです。

あるいは、マンションや家、駐車場などを他人に貸している人が定期的に得られる家賃収入もインカムですし、銀行預金の金利も（金額はものすごく小さいですが）インカムの一つだといえます。

投資をするときはキャピタルゲインとインカムを意識したいですね。**持ち続ければインカムが得られ、いざとなれば売ってキャピタルゲインが得られる**、こういう資産がベストです。

米国株というと、右肩上がりの株式市場が思い浮かぶため、キャピタルゲインに目が行きがちです。しかし、インカムを得やすいという意味でも、米国株は優れています。

というのも、長年にわたって配当を増やしている銘柄がたくさんあり、40年前に購入した銘柄から、気がつくと元本と同額程度の配当を毎年受け取れるようなケースもあるのです。

とくに、若い人には「時間」という大きな武器があります。長期投資を視野に知識と経験を蓄積できます。

この特徴を踏まえると、資産形成を進める基本的な手順は次のとおりに整理できます。

ステップ1　フローによる収入を増やしつつ、支出を絞る
ステップ2　残った資金を確かなストックに変えていく
ステップ3　ストックによる収入から、新たなフローを得る

正直なところ、株式の配当といったインカムを第二の収入源として確立するためには、それなりのお金が必要です。

しかし、だれもが最初はそうなのです。まずは毎月のお給料を継続してコツコツと積み立てることで、徐々に増えてきます。

とにかくあきらめずに、このサイクルをうまく回していくことで、より安定的に収入を得ることができるはずです。

気がつけば、本業とは別に、なにもしなくても本業並みに収入を得ることも不可能ではないのです。

これこそ働かなくても生きていける状態、つまり**経済的自由**を得る瞬間ですね。

投資で大切なのは「臆病であること」

すでに本書で「リスク」「リターン」という言葉が出てきていますが、ここで改めて、投資におけるリスクとリターンの意味を整理しましょう。

リスクとリターンは、次のように言い換えることができます。

・リスク　＝　ばらつき

・リターン　＝　収益

リスクは一般的に、「危険度」と解釈され、「リスクは低ければ低いほどいい」と考えられがちです。

しかし、投資の世界でリスクが低いとは「儲かる可能性も低い」ことを意味します。単純に低ければいいものではありません。

次に、「リターン」ですね。

リターン、つまり収益とは、**「投資した元本に対する収益」**です。

ここでいう収益には、売却益や利息、配当などが含まれますが、要は「投資したお金に対して、いくら儲かったのか」を示すものと考えてください。

ここでさらに考えたいのが、自分の**「リスク許容度」**です。投資を行うためには、どれだけリスクをとっても大丈夫か、わかっている必要があります。

乱暴なのを承知で書きますが、米国株式ETFや投資信託の場合、だいたいリターンが3%から5%、リスクが15%前後になります。

どういうことか具体的に説明すると、毎年100万円を投資していたら、平均で104万円程度のリターンになるけれど、単年だと115万になることもあれば、最悪の場合85万円になることもある。そういうことです。

2008年のリーマン・ショック以後、米国株は10％近いリターンを10年近く続けてきましたが、これは「できすぎ」です。今後は鈍化を見込んだほうがよいでしょう。

同じように、リターンが5％を超えるようなハイイールド債（高リスクの債券）などは、大不況や紛争などの有事にはそれなりの値動きをします。

また、キャピタルゲインでのリターンが大きい小型成長株（時価総額と流動性が低い株式銘柄）も上下動が大きい、つまりリスクが高めです。

自分が得たいリターンとリスクのバランスを考え、**高リスク商品を買うときは低リスクの債券を組み合わせて資産変動をマイルドにする**のは一つの手です。

リスク許容度は「キャッシュフロー」と「年齢」で判断する

では、自分のリスク許容度をどうやって判断すればいいのでしょうか。

ここで考えたいのが、**「収入（キャッシュフロー）」**です。

たとえば、年収400万円の人と、年収1000万円の人を比べると、後者のほうがより多くのリスクをとれます。

もし投資で大損をかぶってしまっても、普段の収入で損失をカバーできる額が大きいからです。

もう1つ意識したいのは「年齢」です。

若い人のほうがリスクをとれます。

というのも、リスク許容度は、「キャッシュフロー（収入）がどれだけ続くか」も重要な要素だからです。

20代の新入社員と50代の幹部社員を比べると、単純に年収は50代の幹部社員のほうが多いですが、キャッシュフローの期間は20代のほうが長いですよね。

20代の若者のほうが、リスクをとって失敗しても、あとあとそこで失った金額を取り戻すチャンスがたくさんあるということですね。

よくいわれるのは、「100－年齢＝株式比率（投資金額に占める株式や債券などの割合）」です。経験も積めますから、投資は若いときから地道に始めるのがいいということです。

市場が荒れても平気な人の投資スタンス

さて、近年の投資環境を振り返ると、下方のリスクがもっとも大きかったのは2008年のリーマン・ショックの時期でした。

リーマン・ショックで株価が落ち込んでいた時期に果敢に投資していた投資家がその後成功していることを考えれば、リスクと向き合う投資家が多くの果実を手にしている場合も確かにあります。

現在、私も含めてセミリタイアしている、あるいは多くの資産を手にした個人投資家の多くは、リーマン・ショックでも諦めずに投資し続けた人たちです。

とはいえ、私は当然ながらギャンブラー的な投資スタイルをすべての人にお勧めするわけではありません。

だれでもできる投資法は、**「常にブレずに、自分が腹落ちしている商品をコツコツ買い続けること」**ですね。そのことで、リーマン・ショックのようなときでも慌てて市場から退場せず、結果的に暴落時の果実も得られるわけです。

もし、あなたが、ギャンブルではなく「投資」で財産を増やしたいなら、時間をかけてじっくり研究し、自分が腹落ちした投資商品が見つかったときに初めて投資をすればよいのです。

臆病は悪いことではありません。その細心さが成功への第一歩とさえいえます。

ただし、どれだけ低リスクの投資商品であっても、市場が暴落するときは、価格は下がります。そうしたときに慌てて売却し、損をしてはいけません。

むしろ「将来は上がるはず」と信じて淡々と買い足せる、そんな商品選びが大切です。

投資の基本は「分散」にあり

同じ金融商品に投資しても、購入するタイミングによって、得をする人と損をする人が出てきます。

そこで覚えておきたいのが、**「分散投資」**という考え方です。

分散投資には2つの意味があります。

「対象の分散」と**「時間の分散」**です。前者は投資するものを分散すること、後者は投資期間を分散することを指します。

株式のような投資商品の値段は日々変動しますから、特定の株式に一度に全額を投じると、大きく損をする可能性もあります。

そこで、毎月少しずつ、しかも複数の種類の株式等に投資すれば、「1月は高値で買ってしまったけれど、2月は安い値段で買えた」というふうに、リスクが抑えやすくなるわけです。

時間の分散を利用した代表的な投資方法に、**「ドルコスト平均法」**があります。

なんだか難しそうですが、平たくいえば**「定額定期投資法」**です。つまり、毎月決まった金額分を定期的に投資しましょう、という方法ですね。

ドルコスト平均法の素晴らしいところは、素人でも簡単にできる点です。

たとえば、あなたはX社の株式を100万円分購入しようとしています。

もし一気に100万円分を買って、翌月にその会社の株価が半分の50万円になってしまったら大損ですよね。

追加できる資金もなかったら、安くなった株を買い増すこともできないので、完全に機会損失になります。

でも、5ヶ月に分けて、毎月20万円ずつX社の株式を購入していくとしたらどうでしょう。最初の1ヶ月で買った20万円は翌月10万円になってしまいますが、

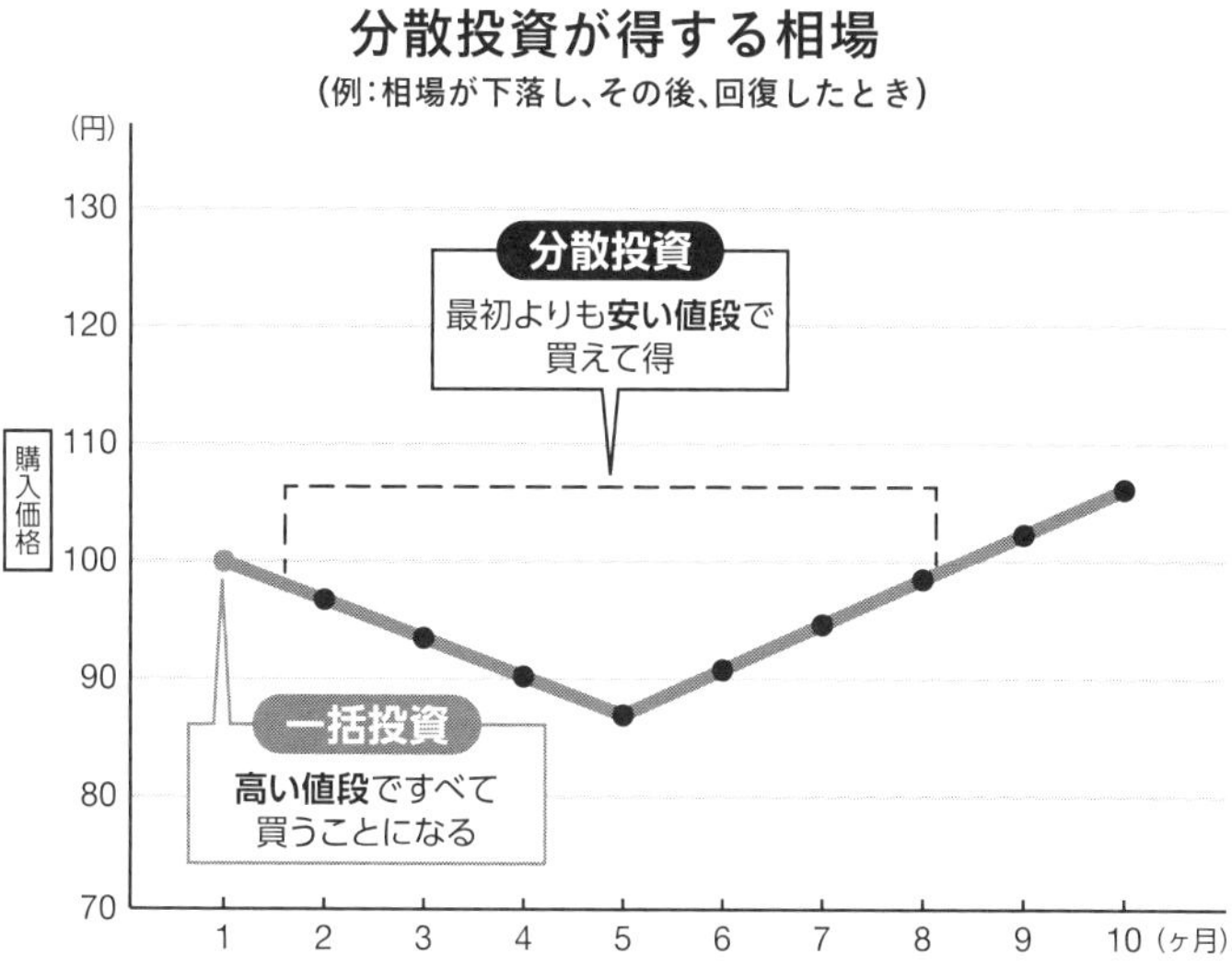

損失を少なくすることができます。

さらに、まだ80万円の余剰資金があるわけなので、安くなったタイミングで買い足すという選択肢もあるわけです。

ドルコスト平均法に向かない人

株価が安いのか、高いのか。それを見分けるのは至難の技です。投資のプロでも迷うのです。

ドルコスト平均法のメリットをもう一つ挙げると、**「いま買うべきか、来月まで待つべきか」**などと深く考えなくてもいいという点があります。つまり、ラクなわけですね。

もう1つラクなのが、「ドルコスト平均法を使って毎月いくら買います」というのを決めておくことです。

これなら、いちいち自分で買い注文を出したりしなくても、自動引き落としで購入できます。

昼間は会社で働いているのでなかなか投資に充てられる時間がない人でも、これなら実践しやすいわけですね。

ただし、ドルコスト平均法は万能ではありません。デメリットもあります。

1 大勝のチャンスを逃すかもしれない

先の例では2ヶ月目に100万円から50万円に暴落した株式を出しましたが、当然、2ヶ月目に150万円に暴騰することだってあり得ます。

もしドルコスト平均法でコツコツ買っていたら、このチャンスを逸して大きな利益を逃すかもしれません。

2 投資の才能がある人には向かない

世の中には投資の才能がある人がいます。生粋《きっすい》の投資家タイプで、けっこうな確率で株価が上がる銘柄を決算書などから探り当てる人です。

ただし、数字が読めれば伸びる株を的確に当てられるとは限りませんので、やはりセンスも必要です。いずれにしても、こういう人は、ドルコスト平均法を採用する必要はないですね。

リスクとリターンを管理し、堅実に投資したい人はドルコスト平均法がぴったりです。

だれでも、すぐに取り組める方法として優れています。

初心者は「投資信託」が断然お勧め

「はじめに」でも説明しましたが、私はリーマン・ショックを機に、それまでの自分の投資スタイルを見直しました。

その結果、投資経験の有無を問わず、万人にお勧めできるのは以下の方法であるという結論に落ち着きました。

(1)日本株ではなく米国株に投資

(2)個別株投資ではなく投資信託やETF(上場投資信託)に投資

(1)はわかりやすいと思います。日本企業の株ではなく、アメリカ企業の株を買いましょうということです。この理由については、第2章で説明します。（2）のほうは、いまから説明していきますね。

個別株投資というのは、株価の上昇が期待できる、あるいは安定した配当を出すと思われる会社の株式をピンポイントで買って、配当金（インカム）や売却益（キャピタルゲイン）でお金を増やす方法です。

個別株投資はとてもシンプルでわかりやすいのですが、それなりにリスクがあります。

たとえば、A社の業績がこれから上がると考えても、その予想が外れたら大損を被ります。

また、どの企業に投資するかいろいろなデータを調べて選ぶ必要があります。

さらに、買ったあとは株価をこまめにチェックして一喜一憂するということもあるでしょう。

あるいは、予期せぬ事件や事故、不祥事が起きたら、一気に株価が下がって損をしてしまうかもしれません。

どうしても個別株に投資をしたいなら、自分である程度の分散性を持たせる、コントロールしていく必要があります。

それに対して**投資信託やETF（上場投資信託）による投資は、複数の株に投資をするものです。**これらの商品は、最初から複数の株に投資先が分散されているパッケージ商品です。

投資というと、どうしても多くの人は個別株の投資を思い浮かべますが、初心者であまりリスクをとりたくない人ほど、投資信託やETFを選択したほうがいいでしょう。

本当に買うべき投資信託は数本だけ

「投資信託」と「ETF（上場投資信託）」という言葉が出てきたので、次にこの両者の違いについて説明しておきます。

まず両者の共通点ですが、両方とも、お金を預けて株式や債券などいろいろな方法で運用してもらうパッケージ商品だというのは同じですね。「信じて託する」という言葉のとおり、投資のプロに任せるということです。

投資信託（投信）は聞いたことがある人もいるかもしれませんね。銀行や郵便局が窓口で一生懸命売り込んでいるのは投資信託です。どんなところに投資するかによって、いろいろな投資信託があります。

ちなみに、現在買える投資信託は3000本とも4000本ともいわれますが、そのうち、**買うべき投資信託は数本だけです。**

ほとんどの投資信託は資産運用に適さないものなので、厳選されたものを買ったほうがよいですね。これはのちほどご紹介します。

投資信託は安いと100円から始められ、小額でいろいろなところに分散投資できるのが魅力です。

ただ、**投資信託は株式とは違い、いつでも自由に売買できるわけではありません。**売買は1日1回、「基準価額」というもので取引します。

投資信託選びは「信託報酬」の安いものを

これに対してETF（上場投資信託）は、株式と同じように市場で自由に売買できます。

かつては投資信託よりも信託報酬が圧倒的に安いのがETFの魅力の1つでしたが、最近は投資信託もかなりETFの信託報酬に寄せてきました。

いまでは、同じベンチマークでも0・05％〜0・15％程度の差になっており、よい投資信託がかなり増えました。以前ほどの差はなくなっています。

なお、**「信託報酬」**という言葉が出てきましたが、投資信託もETFも、運用をプロに代わりにやってもらっているので、その運用者に対価を払わなければなりません。

そのため、投資信託は持ち続けているだけで「信託報酬」というコストがずっとかかります。これは個別株投資では発生しない、投資信託やETF固有のコストです。

これは確定しているコスト、つまり固定費です。なので、投資信託やETFで資産運用をする場合、**「より低い信託報酬のものを選ぶ」**のが基本的な戦略になります。

日本の投資信託では儲からない理由

投資信託（ファンド）は**「インデックスファンド」**と**「アクティブファンド」**に分けられます。私が勧めるのはインデックスファンドですが、順番に説明していきますね。

インデックスファンドとは、運用目標（ベンチマーク）を、たとえば「東証株価指数（TOPIX）」や「日経平均株価」などの「指標（インデックス）」にしている投資信託・ETFです。指標に連動する運用成果を目指す投資手法にのっとっています。

「指数」とはなにかというと、ある地点の株価を基に、株式市場が買われているのか、売られているのかを表す数値のことです。

指数はいろいろあるのですが、とりあえず代表的な日本のよく知られる株式指数を2つご紹介しますね。たぶん、ニュースなどで一度は耳にしたことがあるはずです。

・東証株価指数（TOPIX：トピックス）

東京証券取引所第一部（以下「東証一部」）に上場しているすべての企業の株価の時価総額から毎日計算されている指数。

・日経平均株価

東証一部に上場している会社のうち、取引が活発で売り買いしやすい225社を選定して算出している指数。「日経225」とも呼ばれます。

簡単に説明すると、**インデックスファンドは、こういう指標の変化で儲かったり損をしたりする商品です。**

たとえば日経平均株価をベンチマークに設定しているインデックスファンドを買うと、日経平均株価に投資しているのと同じといえます。日経平均株価が上がれば自分も儲かる、下がれば損をする……という感じですね。

日経平均株価に連動したインデックスファンドを買うだけで、日経平均株価を構成している225社に分散投資しているのと同じ、と表現してもいいです。

225社の株式を全部持っておくにはそれなりに資金がいります。が、インデックスの投資信託やETFを買えば、それがお手軽にできてしまうわけです。

日本の株式市場にはびこる〈ゾンビ企業〉たち

ただし、これまで述べてきているように、私は日本の株式を買うことは勧めません。

それは日本企業の個別株だけではなく、日本のインデックスをベンチマークにしている投資信託やETFでも同じです。
理由は以下の2つです。

1 日本株市場が長期のボックス相場にあるため

ボックス相場とは、「上下の値動きがある一定の幅に収まっている相場」という意味です。ボックス相場では、安いときに買って、高いときに売るなどのスキルが求められます。

インデックスファンド選びの基本は、「右肩上がりの市場」のインデックスをベンチマークにしているか否か。ですから、上がったり下がったりをただ繰り返すだけの日本の市場ではなく、米国株投資、あるいは国際分散投資が基本です。

2 日本株市場には〈ゾンビ企業〉が多いため

日本の株式市場には、買ってはいけない銘柄が多数含まれています。それは利益の出ていない、本来であれば市場から退場すべき株式銘柄です。これを〈ゾン

ビ〈企業〉と呼びます。

東証の時価総額（株価×発行済株式数）が過去最高レベルなのに、ベンチマークとなる株価がイマイチで、ボックス市場になっているのは、この〈ゾンビ企業〉が残っているのが1つの原因です。

なぜ日本の株式市場には、多数の〈ゾンビ企業〉が居残っているのでしょうか。それは、東証は上場の基準に比べて「退場の基準」が甘いからです。上場した時点での業績が維持されなくても、極端に業績が悪化しても、東証一部に居座り続けることが可能な仕組みになっています。

実際に、ほかの市場、東証二部などと比べても、東証一部の企業数は圧倒的に多くなっています。だから時価総額だけは大きくなっているのです。

日本株のインデックスファンド、あるいはインデックスETFが本当に買えるものになるには、指数改革が必須です。

たとえば、「毎年売り上げが年率で○%伸び続けている」「営業利益率が○%以上を維持している」「営業CF（キャッシュフロー）が○%伸びている」「ROE

（自己資本利益率）が○％以上」など、定量的な項目をいくつか設け、それに定性的な評価を加えた、既存のものとはまったく別の指数が必要です。

その目線に合致した企業のみで構成する指数をつくれば、話は変わります。**インデックス投資は「右肩上がりで伸びる指数に投資する」のが基本**ですから、現状の日本株インデックスでは買えないということですね。

日本ではここ30年ほどイノベーションが起きていない

ちなみに、産業構造の変化に乏しい日本においては、時価総額で区切った新しいインデックス（指標）をつくるのも、あまり意味がありません。

たとえば、1992年の日本の時価総額ランキングと、2019年の日本の時価総額ランキングを比べてみてください（65ページ参照）。出てくる企業の名前があまり変わらないのです。

これが意味しているのがどういうことかというと、つまり、**日本では産業構造を大きく変化させるようなイノベーションが、この30年近くほとんど生まれなかった**……ということです。30位までみると、三井住友フィナンシャルグループやゆうちょ銀行、JR東海、JT、みずほフィナンシャルグループなど、有名企業が並びます。これらの企業は30年前も有力企業として存在していました。一つ特徴的なのは、アメリカに比べて20年以内の社歴の企業が極めて少ないということです。

これに対して、世界の時価総額ランキングは大きく変化しています。新興企業がランキングの上位につけています。変化の中心は米国企業で、次点で中国企業です。かつて世界を席巻し、「世界の」時価総額ランキングでも上位だった日本企業はほとんどランクインしていません。

非常に憂慮される事態になっています。ただ、これはもう、個人ではどうしようもありません。こうした事実も踏まえ、本書では日本の株式市場ではなく、米国株のインデックス投資をお勧めしています。

日本の時価総額ランキング		
順位	1992年末時点	2019年8月時点
1位	NTT	トヨタ自動車
2位	三菱銀行	ソフトバンクグループ
3位	日本興業銀行	NTT
4位	住友銀行	NTTドコモ
5位	トヨタ自動車	ソニー
6位	富士銀行	キーエンス
7位	第一勧業銀行	アフラック
8位	三和銀行	ソフトバンク
9位	さくら銀行	三菱UFJフィナンシャル・グループ
10位	野村證券	ファーストリテイリング

世界の時価総額ランキング		
順位	1992年末時点	2019年8月時点
1位	エクソンモービル(アメリカ)	マイクロソフト(アメリカ)
2位	ウォルマート・ストアーズ(アメリカ)	アップル(アメリカ)
3位	ゼネラル・エレクトリック(アメリカ)	アマゾン・ドット・コム(アメリカ)
4位	NTT(日本)	アルファベット(アメリカ)
5位	アルトリア・グループ(アメリカ)	フェイスブック(アメリカ)
6位	AT&T(アメリカ)	バークシャー・ハサウェイ(アメリカ)
7位	コカ・コーラ(アメリカ)	テンセント・ホールディングス(中国)
8位	パリバ銀行(フランス)	アリババ・グループ・ホールディング(中国)
9位	三菱銀行(日本)	JPモルガン・チェース(アメリカ)
10位	メルク(アメリカ)	ビザ(アメリカ)

アクティブファンドのほとんどはダメ

特定の指数（インデックス）をベンチマークにして、それに連動する成果を出すのがインデックス投資です。

それに対して、世の中には「アクティブ投資」と呼ばれるものもあります。こちらは、特定のファンドマネージャーの裁量で売買する投資信託です。アクティブ投資による運用は、「目安となる指数（ベンチマーク）」を上回る成績を目指すスタイルです。

たとえば、日本株で運用する投資信託の場合だと、日本株の代表的な指数（インデックス）である日経平均株価やTOPIXを上回るような運用成績を目指します。

しかし、**現実的には、アクティブファンドがインデックスファンドを上回ることは難しいです。**

単年で見れば上回ることもあると思いますが、長期にわたって、恒常的にリターンがインデックスを上回るアクティブファンドは決して多くありません。

そのため、長期でじっくり資産形成を目指す本書では、基本的にはアクティブファンドでの運用はお勧めしません。

ただ一方で、アクティブファンドの場合は運用者（ファンドマネージャー）の名前がはっきりとわかるものが多いです。

そのため、そのファンドマネージャーの理念や理想に共感する場合は、アクティブファンドでの投資というのも現実味があるでしょう。

実際にカリスマ的な人気を誇るファンドマネージャーや、ＥＳＧ的な観点から人気を博するファンドもあります。

ＥＳＧ投資とは、環境（Environment）・社会（Social）・企業統治（Governance）

に配慮している企業を選好して行う投資のことです。

ESG評価の高い企業は事業の社会的意義、成長の持続性など優れた企業特性を持つといわれています。

これは欧米では定着している価値観で、日本はとくに企業統治で遅れを取っていますが、今後は一つのトレンドとなっていくでしょう。

ＩＰＯ投資は手間がかかりすぎる

株式投資について少し知識のある方であれば、**「ＩＰＯ投資」**も気になるところではないでしょうか。

先に結論をいってしまいますが、**「資金力があって、手間と時間をかけられるならやる価値はある」**というのが私の結論です。

まずはＩＰＯ投資をよく知らない人のために、「株式公開」の流れから整理して説明していきましょう。

企業がお金を集める際、株式を発行することはすでに説明しました。ただ、創業したての株式会社の株式を購入することは、普通はできません。

創業時には、社長や親族など、ごく親しい関係の人たちが株主になるのが一般的です。

当然ながら、流動性は乏しいですね。つまり、手に入りにくいのです。

こうした会社が、規模の拡大や知名度の向上を狙って株式市場に上場するとき、「上場審査」の手続きをします。

晴れて審査をクリアできれば、その会社の株式が証券会社などで取り扱われるようになり、広く投資を募ることが可能となります。

こうした一連の手続きを経て、株式を自由に売買できるようにすることを、**「株式公開（IPO）」**といいます。

通常、株式を売買するときには、買い手と売り手のニーズが合致したところで値段がつきます。

買い手が1株100円で買おうとしていたときに、1株100円で売ろうとする人がいれば、そこで売買が成立するという具合ですね。

しかし、株式公開をした直後では、主幹事の証券会社と上場予定の企業が主体となって値段を決めて売り出します。

この値段を**「公募価格」**といいます。

公募価格は一般的には見込みよりもいくらか安めに設定され、需給バランスを見極めて値付けされることが多いです。いわば、**「株式の新規オープンセール」**のようなものです。

この新規公開株の一連の仕組みを利用したものが、ＩＰＯ投資です。

安い公募価格で株式を手に入れることができれば、すぐに売却しても利益を出すことができます。需要に供給が追い付かないからです。

安い金額で株式を買っているわけですから、高い確率で売却益を手にすることができるというわけですね。

ただし、ＩＰＯ投資は大変人気があります。当然、株式には限りがありますから、だれでも買えるわけではありません。

そこで、抽選が行われるわけです。

当選確率は銘柄によってさまざまですが、当然ながら大きな利益が見込める注目銘柄であれば、その分当選は難しくなってしまいます。

IPOの当選確率を上げる2つの方法

当選確率を上げる方法も、ないわけではありません。

たとえばSBI証券には、「IPOチャレンジポイント」というものがあります。抽選で外れるたびにポイントが付与され、このポイントを貯めることで、当選率を上げることができるようになります。

しかし、そもそもポイントが貯まるということは、それだけ多くの「外れ」を経験しているということでもあります。

IPO投資を成功させるには、外れを繰り返すことを理解したうえで、ある程度の時間をかけることを覚悟しなくてはいけません。

まずは自分の給与などを時給換算したうえで、本当にＩＰＯ投資が時間に見合ったものなのかを一度考えてみるといいでしょう。


もう一つ、ＩＰＯ投資の当選確率を高める方法として、「主幹事証券会社から申し込む」という方法があります。

主幹事証券会社には、ほかの証券会社よりも多くＩＰＯ株の割り当てがありますから、その分当選確率が高くなるのです。

ただ、主幹事証券会社は、ＳＭＢＣ日興証券や野村證券、大和証券といった、窓口で担当者を通じて手続きをするタイプの証券会社が多いです。

そのため、ネット証券の利用者は不利になってしまいます。

また、主幹事証券会社でＩＰＯ投資をする場合、ある程度の資金を持つお得意さまが優先されます。

この手法は、証券会社との長い付き合いのお返しのようなものですし、恩恵にあずかるには、最低数千万円、支店によっては数億円クラスの資産を預ける必要があります。

以上のことから、**IPO投資は「強者の投資」**ともいえます。

抽選に何度も取り組むだけの時間や、主幹事証券会社のお得意さまになれるくらいの資金があってこそ実行できる、という側面があるからです。

IPO投資は、投資をすれば高い確率で利益を出せますが、そもそも投資をすること自体が難しい。そういう手法ですね。

第2章

それでも日本株を持ちますか？

日本のGDPの先行きは暗い

この章では、日本の株式ではなく、アメリカの株式を私が選ぶ理由について、具体的に説明しますね。

まず見ていただきたいのは、国家の経済力を示す指標であるGDP（国内総生産）です。2018年、日本はアメリカ、中国に続く第3位に位置しています。

これだけを聞くと「日本の株式も悪くはないのでは」と思いますね。**でも今後、日本はランキングを落としていくでしょう。**

なぜかというと、日本はこれからどんどん労働人口が減少するからです。少子高齢化によって働く人が少なくなれば、それだけ日本国内で生み出せるGDPは下がります。

日本、アメリカ、中国、インドのGDP推移と予測

出典：World Economic Outlook（IMF）

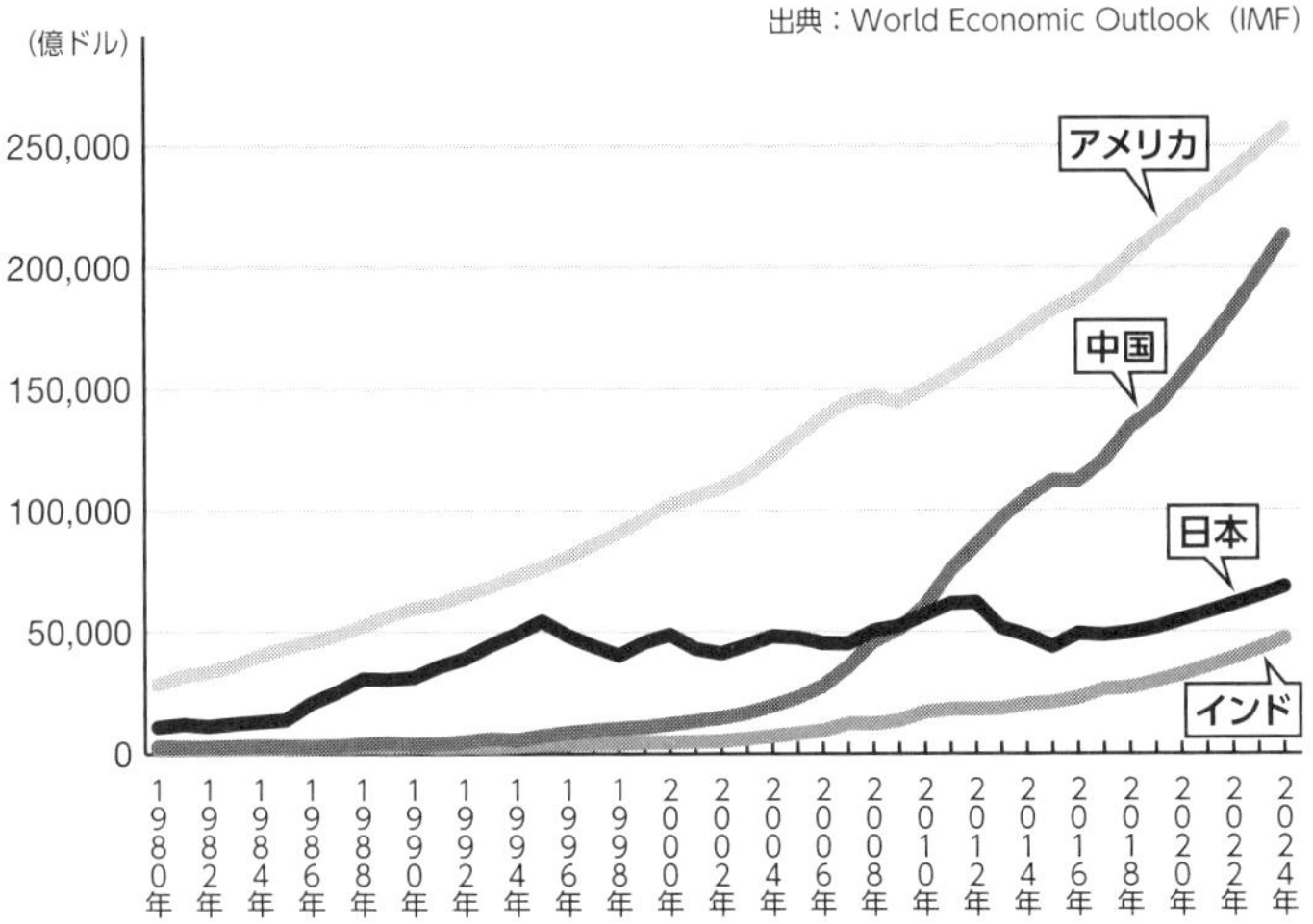

人口が減る中でGDPを維持するには、「労働生産性」を上げるほかありません。しかし、労働生産性の面においても日本は問題を抱えています。

OECD加盟国における1970年代以降の労働生産性の順位を見ると、日本はつねに20位前後です。それに対して、アメリカは5位以内に収まっています。

要するに、日本は昔から伝統的に労働生産性が低いということです。

最近は働き方改革の推進にともない、日本の生産性の低さを多くの人が認識するようになって、どうにかしようとしています。

ただ、無駄な会議に代表されるように、日

本人は合意形成にかけるエネルギーや時間が多く、生産性を上げにくい環境です。というのも、労働生産性は左ページの式で表されるからです。投入する労働者数や時間が多いと、どうやったって上がりにくいのです。

働き方改革が進んでも、こうした伝統的な悪習慣を根本的に解決できなければ、やはり経済成長は程遠いといっていいでしょう。

そういう意味では、人口減少のなか、イノベーションによりGDPを押し上げるという発想はやや楽観的に過ぎる気がします。そもそも、日本発のイノベーションは過去を振り返っても多くありません。

もちろん今後、日本人の労働生産性が急激に向上し、人口が減ってもいまのGDPを維持向上できる可能性はゼロではありません。

ただ、データを元に客観的に見た場合、日本のGDPが人口ボーナス国なみの右肩上がりになっていく可能性は低いといわざるを得ず、**投資対象として日本市場の株式を長期保有するのはお勧めできない**わけです。

労働生産性の国際順位の推移

出典：「労働生産性の国際比較」（公益財団法人日本生産性本部）

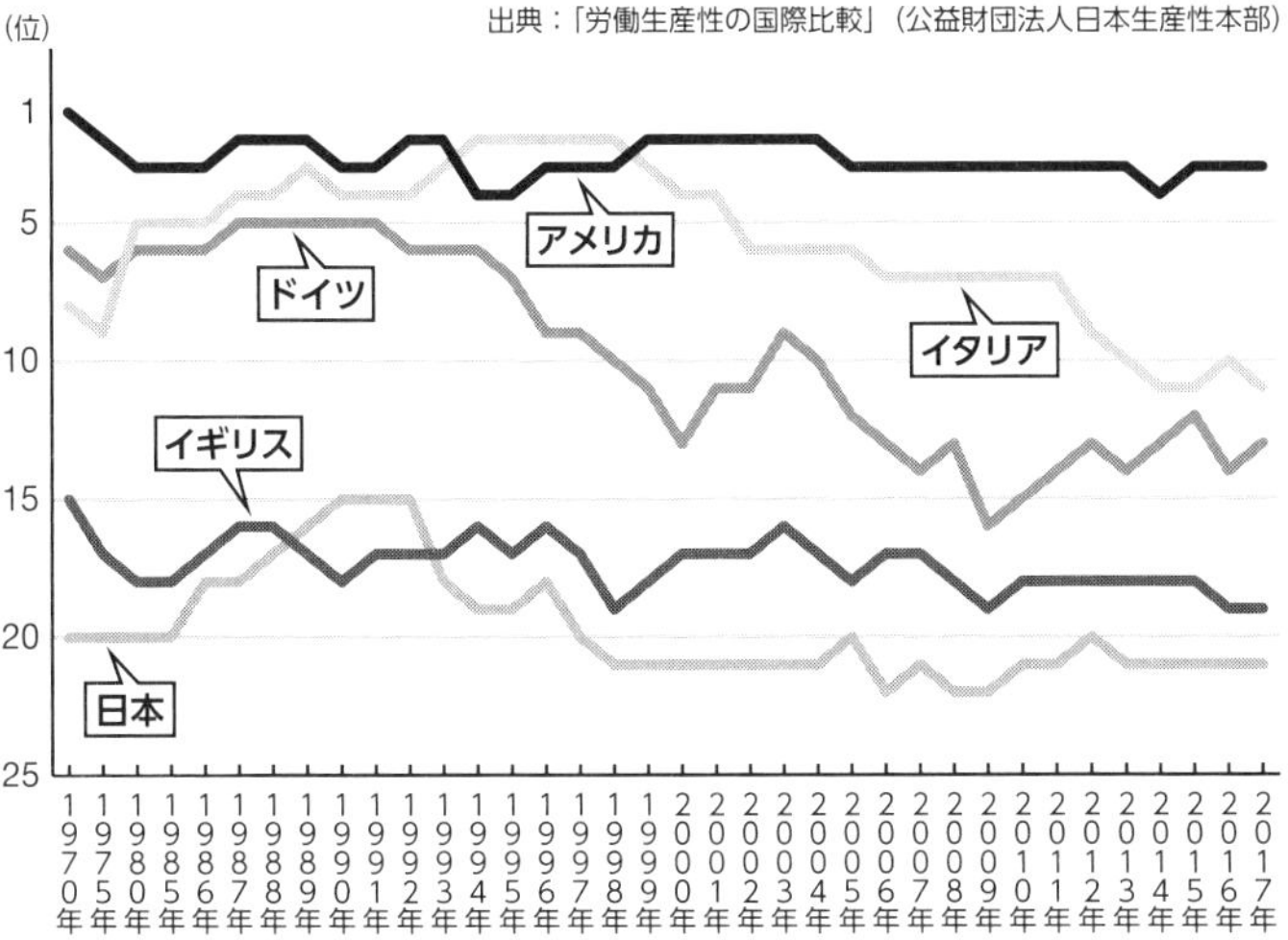

労働生産性 ＝ **output**（付加価値額　または　生産量など） ／ **input**（労働投入量［労働者数　または　労働者数×労働時間］）

もちろん、だからといって日本企業がすべてダメだというわけではありません。業績を伸ばす新興企業もたくさん出てくるはずです。

しかし、**どの日本企業が成功して、どの企業が落ちぶれるのかを見極めるのは簡単ではない**ということです。

それを見極める眼力を持っている人であれば、日本市場でも、個別株に投資をして、資産を増やすことはできるでしょう。実際そういう人もいます。

ただ、多くの人はそういう個別株の良しあしを見抜く眼力を持っていないですね。そういう眼力があるならば、みんな株式投資で大成功しているのです。チャンスの少ない日本市場でお金を増やそうとするのは、非常にセンスが問われるということです。

アメリカは今後も人口増加は続きますし、労働生産性も高い水準にあります。そうなると、自然とGDPも上がっていきます。

投資初心者にとって、やはり投資先として魅力的なのはアメリカです。マクロの市場に対する投資はラクだからです。

東証株価指数がいまだに1989年の株価を超えられない

私が株式投資を始めたのは2000年のことです。その後の10年間は、いまとは違い日本株への投資をメインとしていました。

2001年から2003年ころにかけて積極的に投資をしていたのは、金融危機により株価を下げていたみずほ銀行です。

その後、みずほ銀行の株価は上昇したため、私は30歳にして資産1000万円の大台を突破することができました。しかし、前述のとおり、日本株への投資から利益を得ることは難しいと考えています。

結局、イチかバチかのうねり取りになってくるからですね。

歴史をさかのぼると、日本株は高度経済成長期から1991年のバブル崩壊ま

TOPIXの長期推移

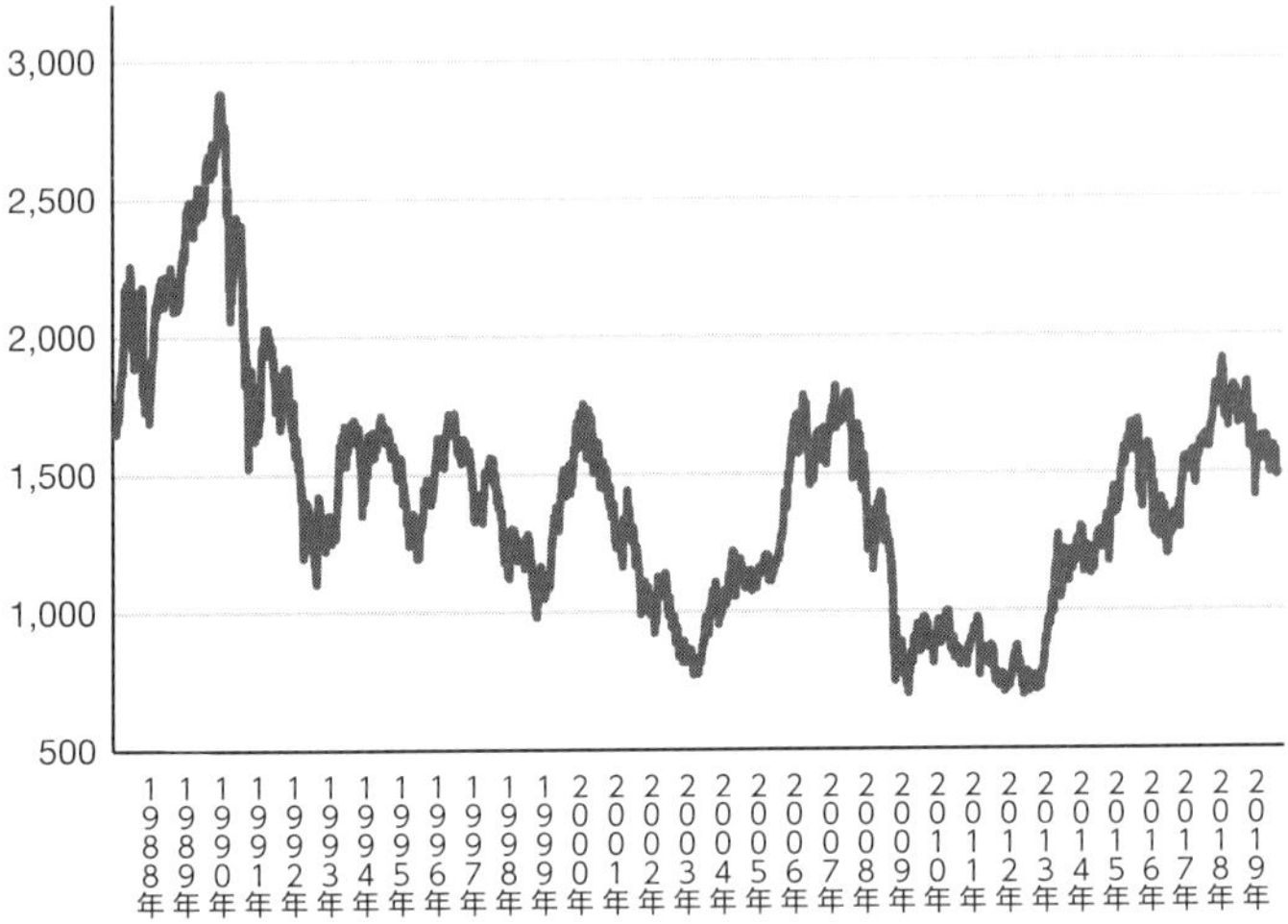

ではとても好調で、この期間に限れば米国株を凌駕《りょうが》していました。

そのため、株式投資が趣味だった私の祖父はよい時代を過ごせたようですが、いまを生きる私たち日本人は、やり方を変えなくてはならないわけです。

日本経済の停滞は、東証株価指数（TOPIX）の動きからもわかります。**このTOPIXも、いまだに1989年12月18日の最高値を超えることができていません。**このときのTOPIXの指数は2884・80であり、2019年夏の指数が1500程度です。最高値から遠いですね。

アベノミクスによって株価が上がったと報

じられる昨今ですが、それでもTOPIXが30年前の水準にいまだ届いていないというのは、日本人としては残念に思います。

TOPIXの数値に連動する投資信託（TOPIXインデックスファンド）も、高度成長期は投資先として魅力的でした。

しかし、いまは積極的に投資をする動機は見当たりません。先に述べたように、今後の指数改革を待つほかないでしょう。

日本の投資信託はコストが高い

日本の株式市場の問題はまだあります。**投資に関するいろいろな手数料が高いのです。**

たとえば投資信託を買うと「信託報酬」や「販売手数料」を取られることが多いのですが、日本で販売されている投資信託の場合、こうした手数料が高い商品が少なくないのです。

金融庁の資料によると、日本の投資信託（プロに運用を任せるアクティブ型）の信託報酬は軒並み0・5％以上と高く、ひどいものになると2％もの信託報酬が設定されており、さらに割高な販売手数料も加算されています。

アメリカで販売されている長期投資向けの投資信託がノーロード（販売手数料がかからない）で、信託報酬も多くは1％を下回る状況と比較すると、明らかに不利です。

もちろん、手数料が高くても、日本市場が右肩上がりであれば、投資としては問題ないわけです。しかし前述のとおり、日本市場は長らく停滞しているので、「手数料が高く、しかも利益は少ない」という、まったくうまみのない状態になってしまっているのです。

なぜ多くの日本の投資信託の手数料がこんなに高いのかというと、**日本の証券会社などが、営業部隊による「売買手数料で利益を得る」というスタイルから脱**

却しきれていないことに原因があります。

こうなると、顧客に長期で安定的に運用させるよりも、短期売買に力点を置き、手数料を稼ぐことに血道をあげることになってしまいます。要するに、証券会社の社員には、お客さんに何度も売り買いをさせようとするインセンティブが働くわけですね。

我々個人投資家としては、日本の証券業界の販売スタイルに振り回されず、淡々と自分自身にとって有益な商品を見極める眼力を養う必要があります。

……というよりも、それより手っ取り早いのは最初から米国市場で資産を育てることです。

まったくの知識なしに、いきなり銀行や証券会社の店舗に飛び込むのではなく、自分の買いたい投資信託やETFをきちんと選別し、そのうえで市場に臨む、投資をするのが必須であるといえます。

そうしないと、勧められるがままに高コストで値上がりしない商品をつかむことになります。

日本企業につきまとう「増資」のリスク

日本株に私が投資をしなくなった理由は、**「経営不振に伴う増資」**をする日本企業が後を絶たないことにもあります。これをやられると、株主としては非常にがっかりさせられます。

どういうことなのか、説明しましょう。

株式会社は、株主から得た資金で事業を進めます。この事業が発展すれば、株主は配当や株価の上昇等によって恩恵を受けることができるのですが、当然ながら、逆のケースもありえます。

もしビジネスに失敗し、事業を続けるための資金が不足すれば、会社は再び資金を調達しなくてはなりません。このときに行われるのが増資です。

増資が行われると、会社は新たに株式を発行することになります。ここで起きてしまうのが、**「株式の希釈化」**という現象です。増資によって株式の数が増えてしまうと、その分、1株あたりの価値が薄められてしまいます。

たとえば、ある会社の当期純利益が50億円で、発行済株式数が1億株であれば、1株あたりの当期純利益は50円です。つまり、株主は1株につき50円儲かるわけです。

でも、増資によって発行済株式数が2億株になれば、1株あたりの当期純利益は25円に下がってしまいますよね。

こんなふうに、株主の利益が少なくなるだけではありません。**1株あたりの当期純利益が下がると、新たにその株を買いたいと思う人も少なくなりますから、結果として株価も下がります。**増資はもともとの株主にとっては損でしかないのです。

そもそも増資をするというのは、その会社のビジネスがうまくいっていない証拠です。増資をするまでの経営不振に陥れば、アメリカの企業であれば経営陣が責任をとって刷新され、なんらかの具体的な経営改革策の説明がなされるのが当たり前です。

しかし、日本企業の多くは違います。

「経営の道筋をつけるまでは辞められない」などと理屈にならない理由で経営陣が居座ることが多く、自分たちの報酬はそのままにして、責任が曖昧なまま、株主にだけ損害を押しつけてくることがままあります。

JALの破たんで被害を被ったのは株主たち

……と、こういった批判をすると、反論として「株主にも責任がある」という意見が出てくることもあります。

たしかに、株主は自分の判断で投資しているわけですから、その意味では株主の責任もあるのでしょう。

しかし、**日本企業は情報公開が十分ではなく、ひどいケースでは巧妙に会計をいじって会社の業績をよく見せるようなことも行われています。**これで株主責任を負わされてはたまったものではありません。

たとえば日本では、みずほ銀行が2009年と2010年に増資と配当金の減額をセットで行ったことから、株主から批判が集まりました。

また、JALの場合は2010年に「100％減資」という最終手段に踏み切ったことで、やはり株主に大きな損失を負わせています。

100％減資というのは、株主が預けた資金をすべて取り崩してビジネスの損失の穴埋めをするということです。そのため、株主の権利が完全に消滅してしまいます。

JALの場合、その後に経営破たんしたことで、株式はまったくの無価値となってしまいました。現在、JALは再び上場していますが、経営破たん前のJ

ALの株式は、もはや紙くずでしかありません。

みずほ銀行やJALを代表例として取り上げましたが、会社を存続させるために株主の財産を減らす行為が頻発するのは、先進国では日本をおいて他にありません。

このように、**いざとなるとすぐに株主の利益を減らそうとする「株主軽視の姿勢」が経営層に多いことも、私が日本株への投資をあまりお勧めできない理由の1つ**です。

日本株は米国株より5倍難しい

投資する国によって難易度がまったく違ってくることは理解しておきたいところです。

私の感覚としては、**日本株の難易度を10とすると、米国株は2くらい**でしょうか。米国株のほうが、日本株の5倍くらいは儲けるのが簡単だと思います。

経済の先行きが見えない日本の株式市場に投資をするよりも、右肩上がりで成長を続ける米国株式に投資をするほうが、はるかに簡単です。

いまも巷《ちまた》に出回っている雑誌や書籍などで、お勧めの日本株が紹介されていることがありますが、コロコロと目先が変わりますね。

私自身、日本株でいつの時代も変わらない最適解を提案するのは非常に難しいと考えています。それほど難しいのがいまの日本の株式市場なのです。

日本株の難しさは、株式市場の乱高下の激しさにもあります。

私も若いころは乱高下に付き合って、買い時や売り時を見極めながら投資をしましたから、大きな損を抱える可能性もありました。

幸い、それほど決定的な損失にはなりませんでしたが、相当危ない橋を渡ったものだと、いまになって思います。

乱高下のなかで投資をしていると、「過去にこれくらいの株価だったから、ここまでは上がるだろう」といった感覚に陥りがちです。悪い意味での「値覚え」ですね。

しかし、将来の株価を完全に読むことはだれにもできません。自分の感覚が外れていたときには、思いもよらぬ損をすることはいうまでもありません。

たとえば、東芝は2000年代に原子力に大きく投資をしたことで、2011年に発生した東日本大震災を機に経営危機を迎え、1年の間に倍近く株価が動くこともありました。

こうした場合、底値（最安値）で買って、値上がりしたタイミングで売ることができれば、倍近く資産を増やせた可能性もあります。しかし、こういう投資はいつかやられるのです。

投資はつねに「最悪のケース」を考えて

投資をするときは、つねに「上手くいかなかったとき」を考えて、次の手も考えておく必要があります。そういった意味でも、前述した分散投資は有効です。時間や投資対象を分散することが、私は無理なく資産形成をするためには欠かせないと考えています。

なにがいいたいのかというと、**かつてのバブル崩壊やリーマン・ショックのような大きな相場変動にぶつかり、資産を失ってしまう可能性をつねに念頭に置い**

ておきましょう、ということです。

そのときに勇気づけられるのは、**ＩＴバブル崩壊やリーマン・ショックなどの経済危機を経ても、つねにアメリカは世界でもっとも早く株式市場が回復してきた国の１つであり、これからもその流れは変わらないだろう**ということです。

もちろん、米国株にも相場変動はありますから、損をする可能性をゼロにすることはできません。

ただ、成長国ゆえの安定感がありますし、さらに分散させて債券や金などにシフトすることも比較的簡単です。商品選択の幅が広いのです。

株式投資の難易度は、心の余裕にも左右されます。思いつきで適当な株式を買ったり、予想外のことに慌てて株式投資そのものを止めてしまったりすると、満足のいく資産形成はできません。

そのようなことにならないためにも、必要な知識を身につけ、無理せずじっくりと投資に取り組んでいただければと思います。

「円」しか持っていないことは危ない時代

日本円に限らず、通貨の価値は一般的には下がり続けるものです。そのため、何らかの金融商品を買い、利回りをつけるのが基本になります。

しかし、**日本国内の商品は、株式にしても債券にしても、利回りが低く、資産形成としては適しません。**金利が低いので当然といえばそうですね。

日本円の価値が相対的に下がっているのは、外国人旅行者が増えている昨今の状況からもうかがえます。

日本の観光資源を海外にアピールした成果かもしれませんが、円の価値が下がり、外国人にとって日本旅行が割安になっているという点が一番の理由です。

これは、かつて高度経済成長期に日本人が大挙して海外旅行に行っていた状況と似ています。海外のほうが物価を安く感じることができたのです。

海外では物価の上昇が続いています。私はこれまで海外駐在や海外旅行を経験してきましたが、つねに現地の物価上昇を感じていました。

たとえるなら、ほんの数年前に500円で食べられていたラーメンが、今年は700円になっているようなものです。

さまざまなものが値上がりし続けています。

日本で生活をしていると実感はしにくいですが、**世界との相対では日本円の価値は以前よりも円安になっています。**

実質実効為替レートがそのことを示しています。

為替レートというのは普通、「円とドル」のように、2つの国の通貨を比べて高いか安いかを判断しますが、「実質実効為替レート」はその通貨の国際的な競争力を判断する指標です。

数字が小さくなるほど、円が安くなっていることを示します。

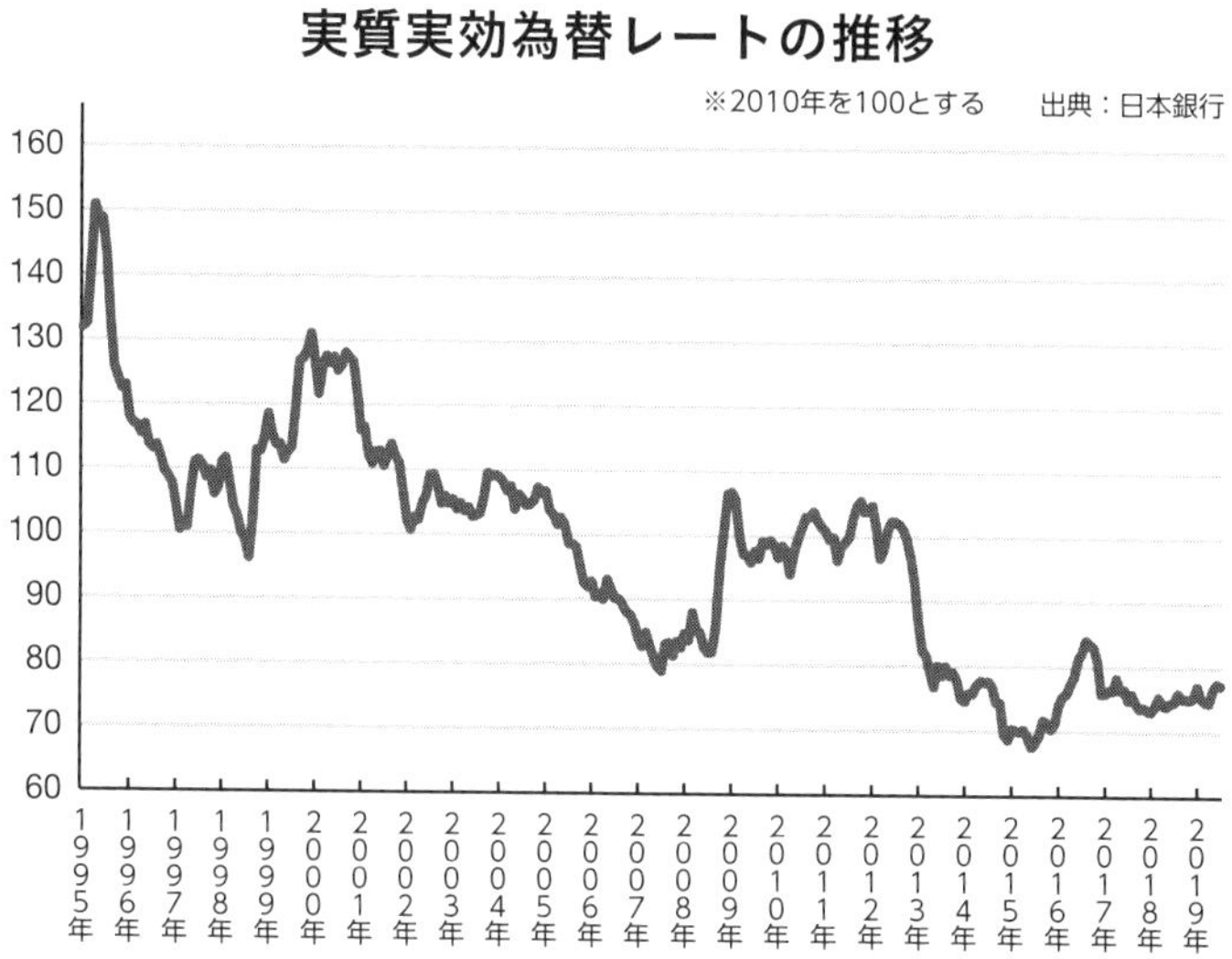

今後、日本円の価値が下がり続けると、日本から海外旅行に行くことが難しくなっていきます。また輸入価格が上昇することから、家計が圧迫される可能性もあります。

現金で日本円だけを持ち続けるということは、こうしたリスクを抱えるということでもあるのです。

たとえば、**預貯金を米国株に替えたり、不動産に替えたりすることで、こうしたリスクを抑えることができます。**

自分たちのできる範囲で、日本円のリスクに対処していきましょう。

ドルで収入を得る生活を始めよう

国内投資だけでなく海外投資を投資のメインに据える。これが現代における資産運用のポイントです。

資産はただ増やせばいいわけではありません。**「資産の内訳」**にも注意する必要があります。

端的にいえば**「日本円ばかり持ってないで、海外資産も持っておこうよ」**ということです。

先程は日本円のリスクにフォーカスして説明しましたが、ここでは外貨、とりわけドルを持つことの具体的なメリットを3点紹介します。

❶為替リスクの分散
❷強制貯蓄効果
❸米国市場の有望な金融商品や株式に再投資できる

順番に説明します。

1 為替リスクの分散

最初の「為替リスクの分散」については、すでにお話をしていることとも重複します。

どういうことかというと、日本円だけを持っていると、円の価値が下がることで損をする可能性が生じますが、外貨にしておけばそのリスクを抑えることができますよ、ということです。

外貨を持っていると、為替相場によっては損をする可能性もありますが、数十年にわたって長期保有する意識でいれば、適切なタイミングを見計らって円に戻すこともできます。

かつてあったような1ドル75円や1ドル130円といった極端な為替相場になると気になるかもしれませんが、最近はそういうこともほとんどなく、分散先としてドルを持っておくことは合理的です。

2 強制貯蓄効果

次に、「強制貯蓄効果」です。

これは、日本円を外貨にしておくことで、自然と無駄遣いを抑えられるという効果です。

いったん外貨にしたものを日本で使おうとすると、通常は日本円に戻す必要があります。

しかし、日本円に戻すには手数料が必要となりますし、為替相場の状況も判断しなくてはなりません。

こうした費用や手間があるため、無駄遣いを避けられるようになり、結果としてお金が貯まりやすくなるということです。

この強制貯蓄効果を発揮するためにも、**資産運用に充てるお金は、生活費や教育費などを除いた余剰資金にとどめておきたいところです。**

生活に必要なお金まで外貨にすると、手数料や時間などのロスが大きくなってしまいます。

為替相場の変動に一喜一憂しないためにも、ドルを持つときには長期運用に使うという姿勢が望ましいでしょう。

3 米国市場の有望な金融商品や株式に再投資できる

最後に挙げるメリットは、「ドル建ての金融商品を購入できる」ことです。

米国株に投資をすると、配当もドルで受け取ることになります。そうすると、このドルを使って、ドル建ての金融商品を買うことができます。

最近は、日本円でも米国株関連の金融商品を買えるようになってきていますが、やはりドル建てのものに比べると選択肢が狭まります。

また、前述のとおり円建てで米国株などを買おうとすると、売買の都度、為替手数料がかさみ、為替相場も意識しないといけません。

したがって、中級者以上の方には**「ドルで収入を得て、ドルで投資をする」**というスタイルをお勧めします。

具体的には、米国株やETFに投資をして配当収入を増やし、その配当を新たな米国株に投資するという流れをつくる。

こういうことができれば、より効率的に資産形成をすることができます。

第3章

やっぱりアメリカが最強なこれだけの理由

リーマン・ショックからも立ち直るアメリカの底力

前章までの内容で、いかに日本の株式市場で儲けることが難しいかということを理解していただけたかと思います。

とはいえ、日本以外の投資先はアメリカ以外にもいろいろあります。

それこそ、少し前ならBRICsと呼ばれる、ブラジル・ロシア・インド・中国といった国々への投資がもてはやされたりもしました。

この章では、**「なぜ外国のなかでもアメリカなのか？」**という点について、さらに深掘りしてみたいと思います。

繰り返しになりますが、投資先として選ぶべきは**「経済成長が続いている国」**

です。経済成長を示す指標として、第2章ではGDPを説明しましたが、今度は「金利」の面から考えてみましょう。

さて皆さんは、住宅ローンを借りたり、キャッシングを利用したりするときに設定されている金利が、どのように決められているかご存じでしょうか。

銀行等によって違いはあるものの、ベースとなっているのは**「政策金利」**です。政策金利は、中央銀行（日本の場合は日本銀行）が設定するもので、中央銀行が市中銀行に融資するときの金利のことです。

政策金利が下がれば住宅ローンの金利も下がるし、政策金利が上がれば住宅ローンの金利も上がります。

一般的に、金利が上がると景気の加熱しすぎが抑えられ、逆に下がると金融緩和となり、景気は良くなる方向に進むのが基本です。

このような性質があるため、政府は景気のコントロールをするために金利を操作します。

日本やヨーロッパなど、経済成長が頭打ちになっている先進国は低金利で成長をなんとか持続あるいは維持させようとします。

ちなみに、日本はゼロ金利政策という、政策金利をギリギリまで引き下げる方法をとっていました。

それでも景気がなかなか回復しないので、2016年にはいよいよ「マイナス金利政策」を実施している状況です。

アメリカの政策金利は回復基調に

それでは、アメリカの状況を見てみましょう。

アメリカの政策金利は、近年上昇傾向にあります。

2017年に1%を超え、2018年12月末には2・5%まで上昇しました。

2019年夏には利下げに転じていますが、それでも先進国の中では例外的に高金利ですね。

アメリカと日本の政策金利推移

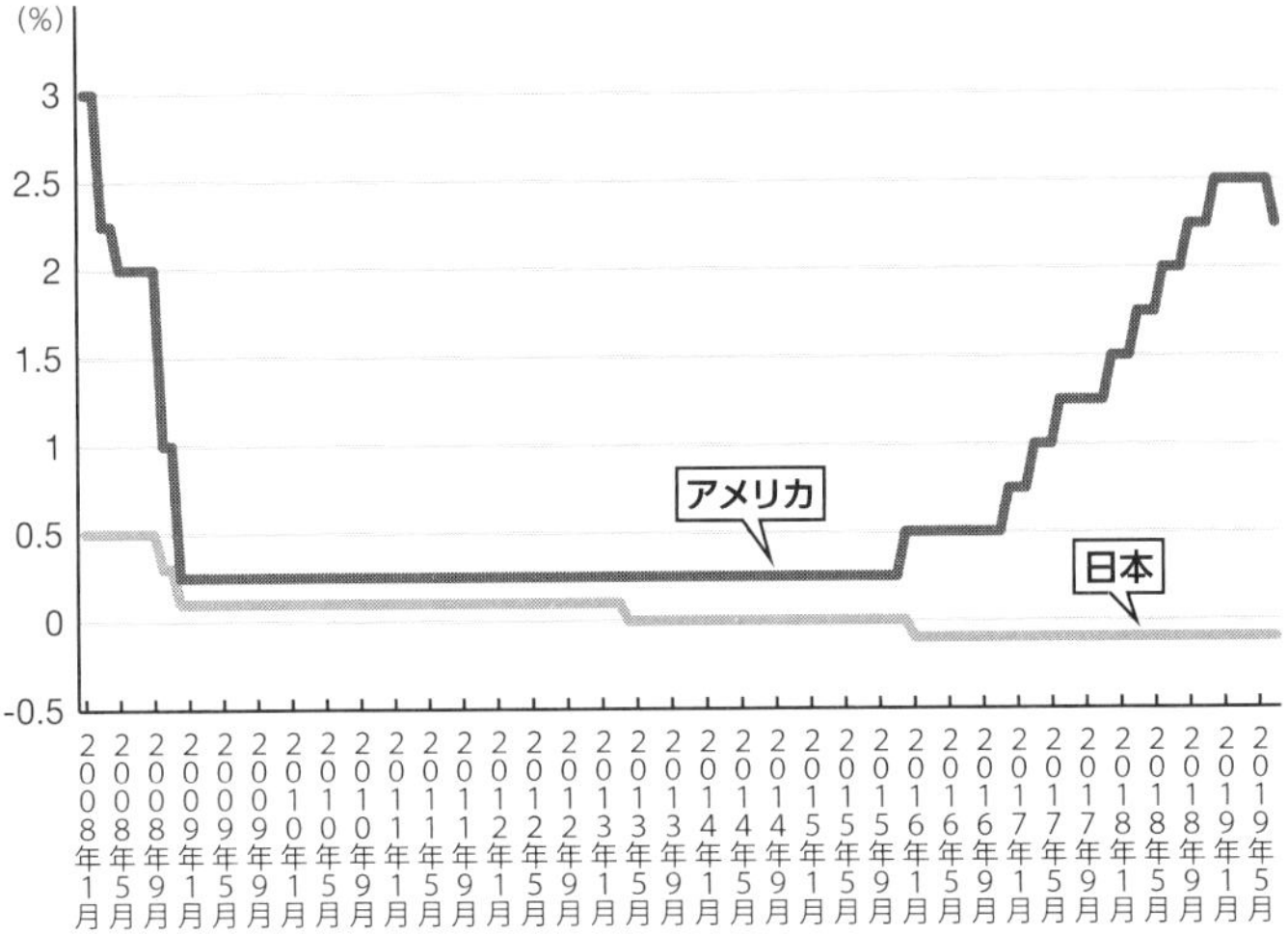

日本、アメリカ、中国、インドのGDP推移と予測（再掲）

出典：World Economic Outlook（IMF）

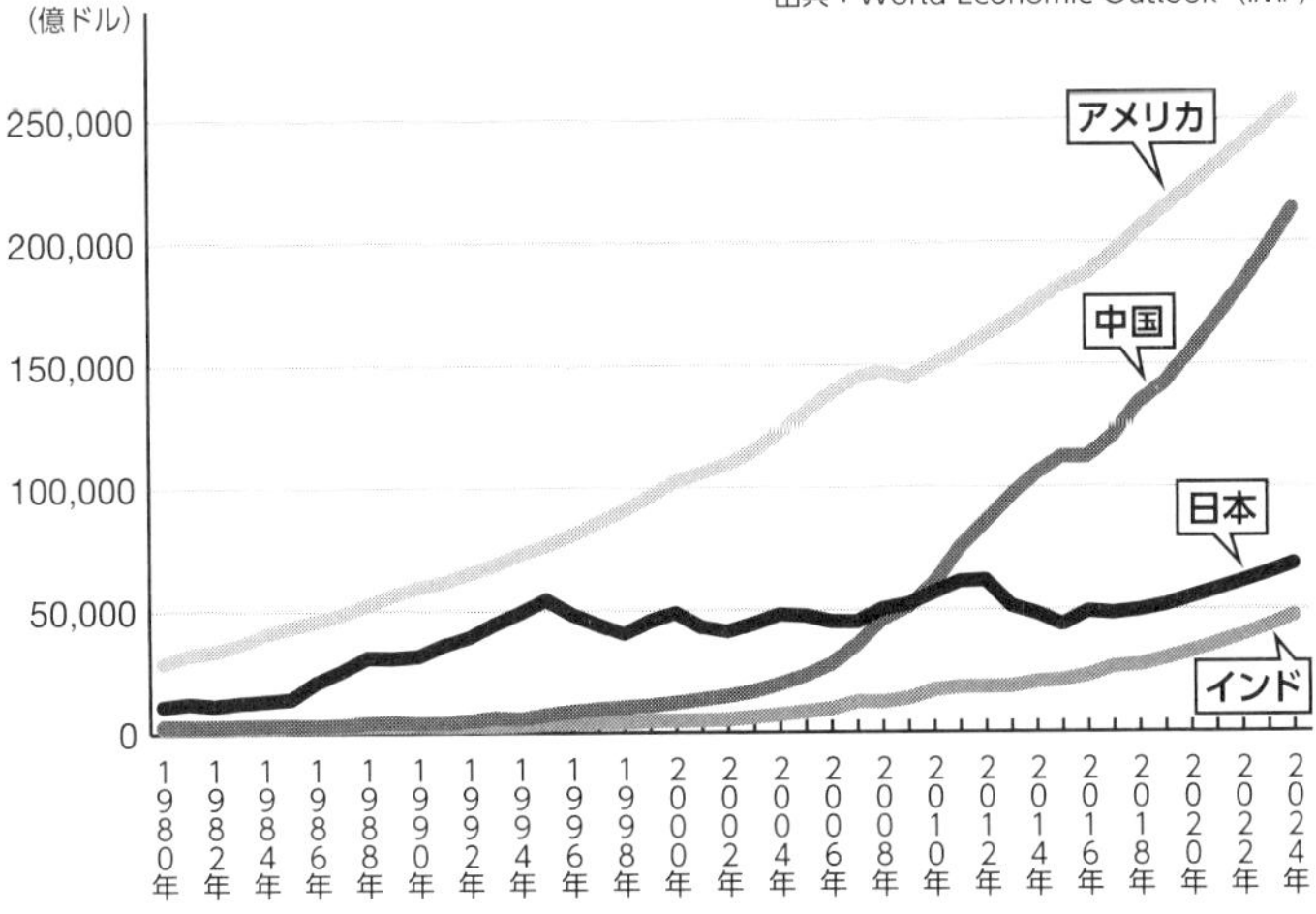

すでに説明したように、政策金利が高くなってきているということは、経済が好調な証拠です。

アメリカ経済の好調ぶりは、GDPの推移も裏付けています。

アメリカは世界のGDPトップに位置しています。驚くべきは、アメリカの圧倒的な勢いです。

2008年のリーマン・ショックでいったんは下げたものの、すぐに持ち直し、いまや20兆ドルに迫ろうとしています。日本のGDPが5兆ドル弱ですから、約4倍です。

2位の中国も躍進を続けていますが、近年は成長が鈍化傾向にあります。中国の成長性は魅力ですが、2030年ごろには高齢化社会を迎えることは念頭に置いておきたいところです。

実際、GDP自体は成長が見込まれますが、2010年以降、中国における株価指数はパッとせず、高値を抜けていません。

このことはGDPの伸びと株価指数の伸びが必ずしも一致しない、新興国や開発途上国におけるジレンマといえます。

低金利の日本で資金調達をして、比較的高金利でなおかつ安定的な成長をするアメリカに投資、利回りという形で回収するのは資産運用上、合理的です。

なぜアメリカは成熟国でも人口が増え続けるのか

国の経済成長は、ある程度進むと停滞するのが一般的です。

戦後の日本は、まさに「成長国」として著しい経済成長を果たしましたが、1991年のバブル崩壊とともに成長は止まり、いまは人口減少、「成熟国」としての道を歩んでいます。

先進国の多くは日本と似た状況にあるため、投資先として考えるといくつかの不安材料があります。

この最たる点が**「高齢化」**です。

高齢化が起きると、労働人口が少なくなりますから、国の「稼ぎ」も相応に減っていきます。

加えて、医療や年金などの社会保障費が増大しますから、「支出」ばかりがかさんでしまうわけですね。

これが進むと、既存のシステムでは社会保障費を賄《まかな》えなくなってしまいますから、その分のしわ寄せが、「社会的に必要なインフラ整備の後回し」などの形で起きてきます。

つまり、高齢化が進むと、社会はますます非効率になり、経済成長の足かせが増えてしまうわけです。

これは別に高齢者が悪いという話ではありません。社会が成熟すると構造的にそうなるのが必然ですから、仕方がないことなのです。

私も含めて、だれもが高齢者になるわけですから、対策を立てて、しっかりと資産運用すれば少なくとも個人レベルでは解決できるのです。

日本に限らず、

「人口増加　↓　経済成長　↓　人口減少（少子高齢化）　↓　経済停滞」

という流れが、先進国を始めとする多くの国で起きているのは知っておきたいことです。

2100年でも人口が増え続ける

しかし、アメリカの場合、人口予測を見てみると、驚くことに2100年時点でも人口が増え続けています。

日本などの先進国と同様、アメリカも出生率は低下傾向にあるにもかかわらず、人口は増加していく――。

この理由は移民の存在にあります。毎年多くの移民を受け入れているアメリカは、自然と人口が増加していくというわけです。

直近のデータを見てみると、アメリカに暮らす移民人口は約5000万人にも上ります。

2位のサウジアラビアが1200万人程度ですから、いかにアメリカの移民人口が多いかわかるでしょう。

なぜこんなに移民が多いのかというと、そもそもアメリカが「移民で成立した国」だからです。

ヨーロッパから渡ってきた移民によって誕生したわけですから、移民にも寛容なマインドがあるわけですね。

かつてはヨーロッパから、最近では中南米やアジアからの移民が増えており、毎年100万人を超える移民が流入しています。

この結果、アメリカは出生率の低下による影響を受けてもなお、人口増加を続けることが可能となっているのです。

人口が増加すると、一定の労働人口を保つことができます。

そうすると、労働生産人口を保ちながら社会保障費の負担も抑えることができますから、効率的に経済成長を推進することができるというわけです。

途上国は「法整備」の面でリスクが高い

投資先を選ぶ上で、人口が増加する成長国が望ましいと説明しました。

それでは、顕著な人口増加が予測される途上国はどうなのでしょうか。

インドネシア、マレーシア、フィリピン、といったＡＳＥＡＮ（東南アジア諸国連合）の国々は、人口増加と経済成長が見込まれます。ＡＳＥＡＮに限らず、ナイジェリア、インド、南アフリカ、メキシコもそうです。

これらの国は今後も人口が増え続けるとされていますから、投資先として魅力的と思われるかもしれません。

しかし、新興国への投資には課題があります。

私も、新興国に魅力を感じつつも、長期投資の観点からは選んでいません。その理由は次の4点にあります。

❶法整備が不十分
❷通貨の使い勝手が悪い
❸人口減少国を含むETFがほとんど
❹国別ETFは信託報酬が高い

一つずつ順番に説明していきますね。

1 法整備が不十分

投資する国を選ぶとき、単に人口が増えているとか、景気がよさそうだというだけで判断してはいけません。要素の一つでしかないからです。

もう一つチェックするべきは、**「法整備」**です。

株主の権利がきちんと保護される法整備がなければ、投資家は安心して投資をすることができません。

たとえば、企業の成長を後押しするような税制や、投資判断にとって不可欠な情報開示の仕組みも必要です。

企業統治の成熟度は非常に大切です。

アメリカの場合、法人税率は下がり続けており、情報開示の仕組みもこれ以上ないほど整っている点も魅力的です。

収益を上げることのできない会社が株式市場から強制退場する仕組みもありますから、アメリカの株式市場に投資をしておけば、自然と新陳代謝の効いた将来性のある投資をすることができます。

新興国は、こういった法整備が経済成長のスピードに追いついていないところがほとんどです。そこが大きなリスクになっています。

結果として、GDPは伸びるのに株式指数は伸びないというジレンマに陥る国が多いのです。

2 通貨の使い勝手が悪い

このデメリットは、私が過去にアストラ・インターナショナルというインドネシア企業の株式に投資をした経験から実感したものです。

アストラ・インターナショナルは、インドネシア有数の大企業で、とくに自動車産業との関わりが強い会社です。

トヨタやホンダなど、日本の大手と業務提携もしており、インドネシア国内では大きなシェアを占めています。アストラ・インターナショナルは非常におもしろい存在と私は考えていました。

また、インドネシアの状況を見ても、経済成長率は鈍化しつつあるものの5%以上の成長をコンスタントに続けており、人口2億6000万人を超えて、さらに増加中です。

人口が伸び、経済成長が進めば自動車の生産数も急激に伸びていきます。

この意味においてもアストラ・インターナショナルの成長は、おもしろいと思ったのです（これは10年近く前の考えで、いまとなっては「自動車産業のコモディティー化」について私がわかっていなかったとなるのですが、それはまあ置いておきましょう）。

ただその後、私はアストラ・インターナショナルの株式を売却しました。その主な理由が、通貨の使い勝手の悪さだったわけです。

インドネシアの通貨はルピアです。

したがって、アストラ・インターナショナルにより得られる配当も、やはりルピアで受け取ることになります。

そうすると、2つの問題が起こりました。

1つめの問題は、**ルピアのインフレ率が非常に高かった点。**インフレが起きるということは、その分通貨の価値は下がるということです。

当時のルピアのインフレ率は年率7％程度でしたから、簡単に言うと、100ルピアで買えていたものが、1年後には107ルピアに値上がりするような状況ですね。

つまり、ルピアで投資して実質的な利益を得るには、7％を超えるリターンを得なくては「儲かった」とはいえないわけです。

毎年これを上回る成果を出すのは、なかなかハードルが高いことでした。

もう1つは、**「ルピアはインドネシアでしか使えない」**という問題です。

ドルであれば、世界中でそのまま使えますし、再投資が容易です。優れたETFや企業がたくさんあるからです。

ルピアではそうはいきません。せっかく得たリターンを十分に活用できない、という問題が起きたのです。

再投資したいと思える対象が限られるのは大きな問題ですね。

3 人口減少国を含むETFがほとんど

第1章で述べたように、投資初心者で、できるだけ手間をかけたくない人ほど、個別株ではなく、投資信託やETFを選択すると良いです。

これは、海外に投資するとしても変わりません。

では、新興国の国々を投資対象とした**「新興国ETF」**はどうかというと、やっぱりアメリカほどお勧めできないのです。

新興国ETFと呼ばれているもののほとんどは、どちらかというと成熟国に近いような国も投資対象に含まれているからです。

たとえば台湾、韓国、タイなどですね。

これらの国々は社会的な構造を見るともう成熟国の側面があり、人口減少や景気の停滞リスクがあります。

4 国別ETFは信託報酬が高い

では、国別ETFはどうかということですが、**「新興国の国別ETFは信託報酬が高め」**という傾向があります。

第1章で説明したように、投資信託やETFは持っているだけで信託報酬という保有コストが発生します。

この保有コストを下げることは、投資家にとってわかり切った、計算できるコストを削るという意味があります。

例を挙げると、新興国ETFの1つである「iシェアーズMSCIフィリピンETF【EPHE】」という商品の場合、信託報酬の率は0・59%にも上ります。長期投資をする前提で考えると、これはやや割高なのです。

アメリカは先進国水準からするとかなり高い人口増加、経済成長を続けていながら、社会制度などは成熟国のもので、なおかつ投資信託の信託報酬も低い商品が多いです。

つまり、**アメリカは新興国と成熟国のいいとこどりをできる世界で唯一の国**であるともいえるわけです。

米国株は暴落から何度もよみがえってきた

この世に「確実に儲けられる投資法」というのはありません。

米国株についても、長期的に見れば、ほかの投資方法に比べれば安定的に利益を得られる可能性が高いのは確かですが、投資商品の購入や売却のタイミングによっては損をする可能性があります。

それに、ITバブル崩壊やリーマン・ショックのような経済危機が起こらないとも限りません。

短期、あるいは2000年代のように中期でこうしたリスクに直面する可能性は含んでおいてよいでしょう。

しかし、**そうしたリスクがあることを前提にしても、アメリカが外せない投資**

先であることは事実です。その理由を、過去のアメリカの株価指数の推移から説明しましょう。

アメリカの株価は、基本的に右肩上がりに上昇していますが、過去には何度か暴落がありました。

歴史上もっとも大きく米国株が暴落したのは1929年の**「ウォール街大暴落」**です。

このときは、驚くことに3年間にわたって株価は下がり続け、最終的には直近の高値よりも89%暴落。当時のアメリカの株式市場は売り一色となり、銀行に人々が殺到するといった混乱が起きました。

ウォール街大暴落による株価の下落は凄まじく、元の水準に回復させるまでに、およそ20年の歳月を要しました。

「ウォール街大暴落」の直前に株を買った人は、その資金を取り戻すために20年かかったということです。

1987年に起きた**「ブラックマンデー」**も有名です。

このときの株価下落も激しいものでしたが、2年後の1989年には元の株価水準まで回復しています。

ちなみに、ブラックマンデーの翌日の日本の株式市場はどうだったのかというと、約半年後には下落分を取り戻し、1989年12月に史上最高値を記録しました。まだバブルのただ中にあった日本は、アメリカ市場の暴落を跳ね返す、世界同時株安への防波堤となる力があったのです。

さらに大きな暴落は2001年における**ITバブルの崩壊**です。アメリカの株価指数であるS&P500は4年続けて前年度よりマイナス成長だったことが3度しかありません。

そのうち2度は第二次世界大戦前です。唯一、第二次世界大戦後に起きた長期の下落がITバブルの崩壊でした。

そしてアメリカは2008年に直近最大の暴落を経験します。

「ウォール街大暴落」時の米国株価推移

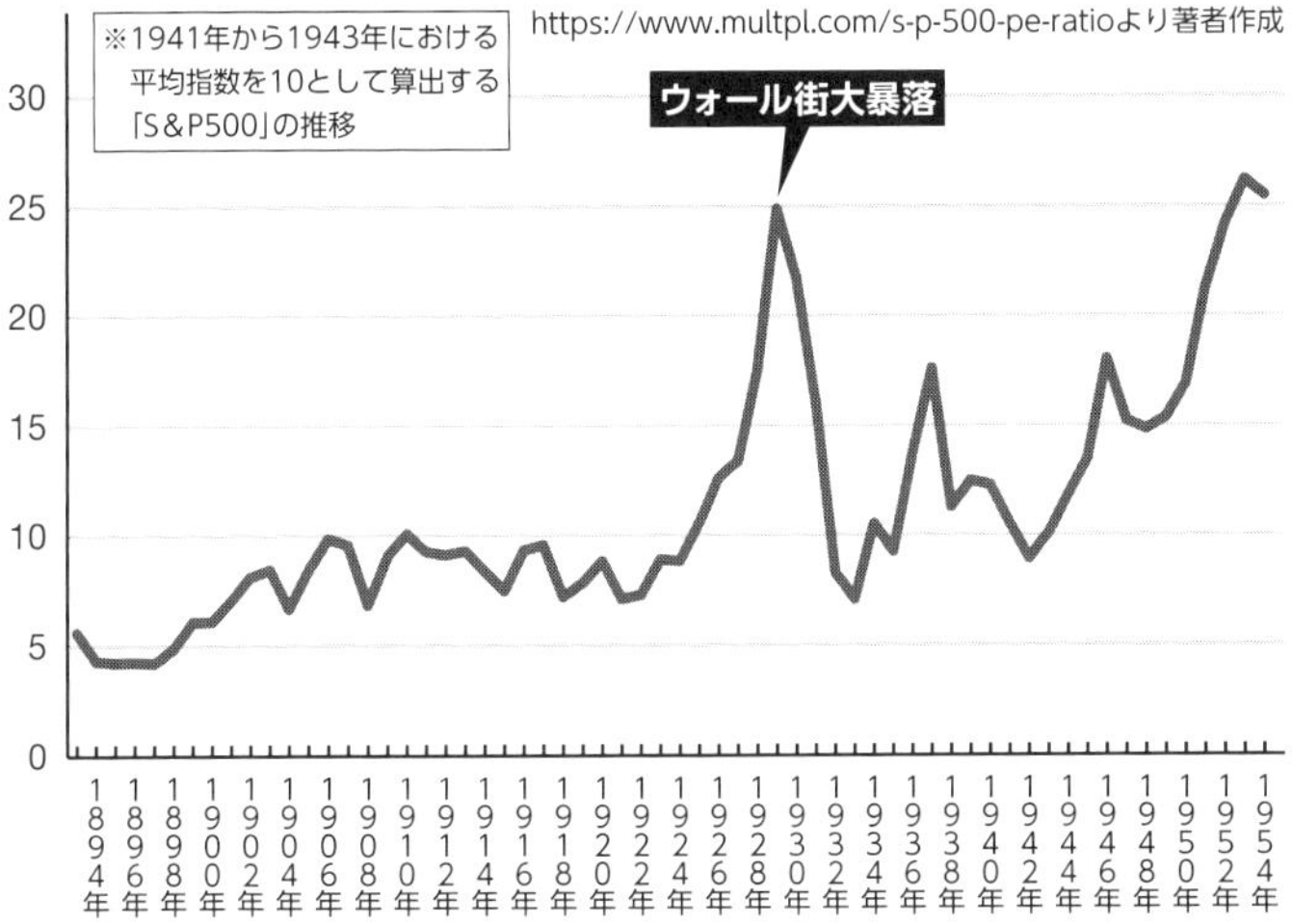

「ブラックマンデー」時の米国株価推移

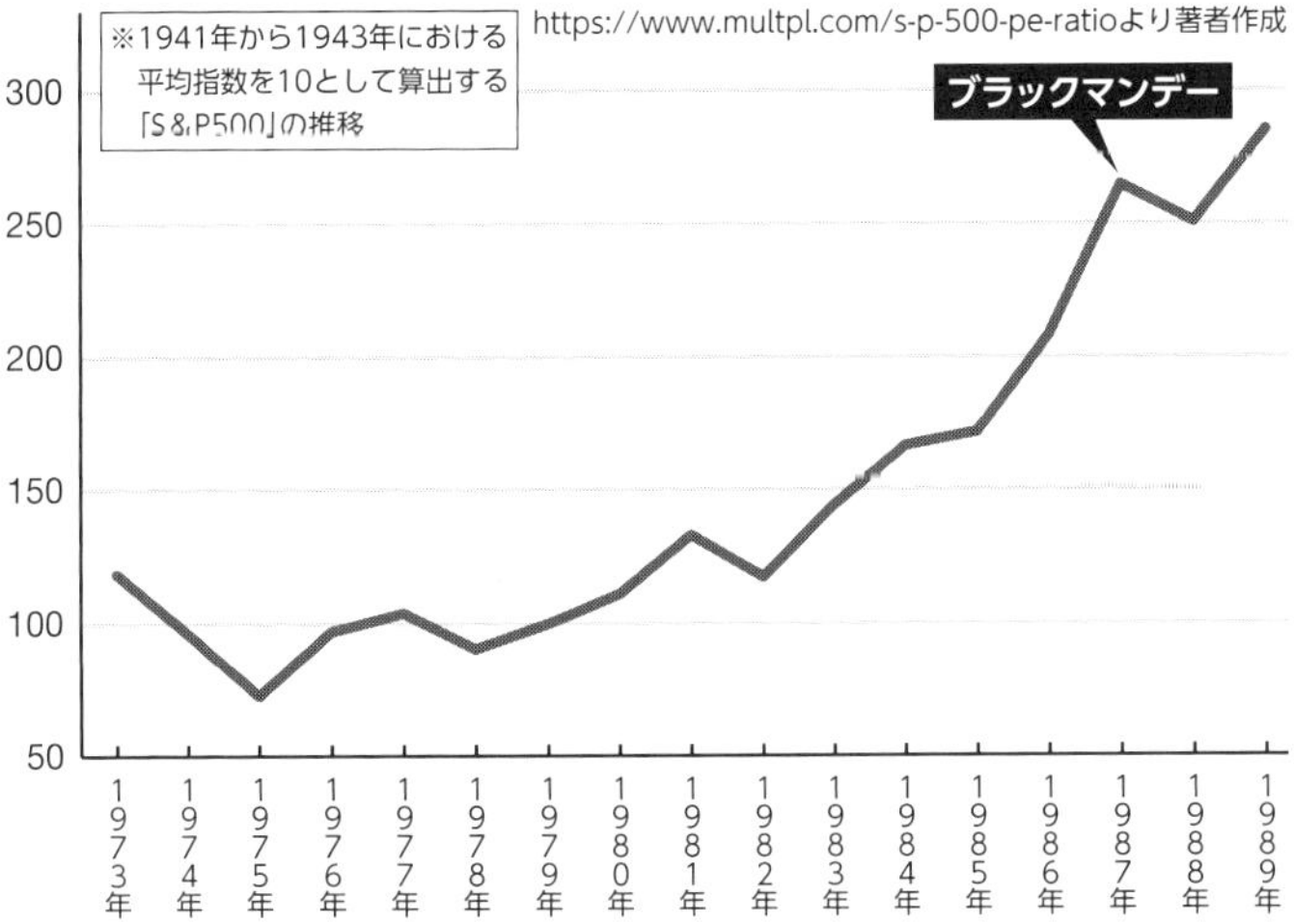

ITバブル崩壊およびリーマン・ショック時の米国株価推移

https://www.multpl.com/s-p-500-pe-ratioより著者作成

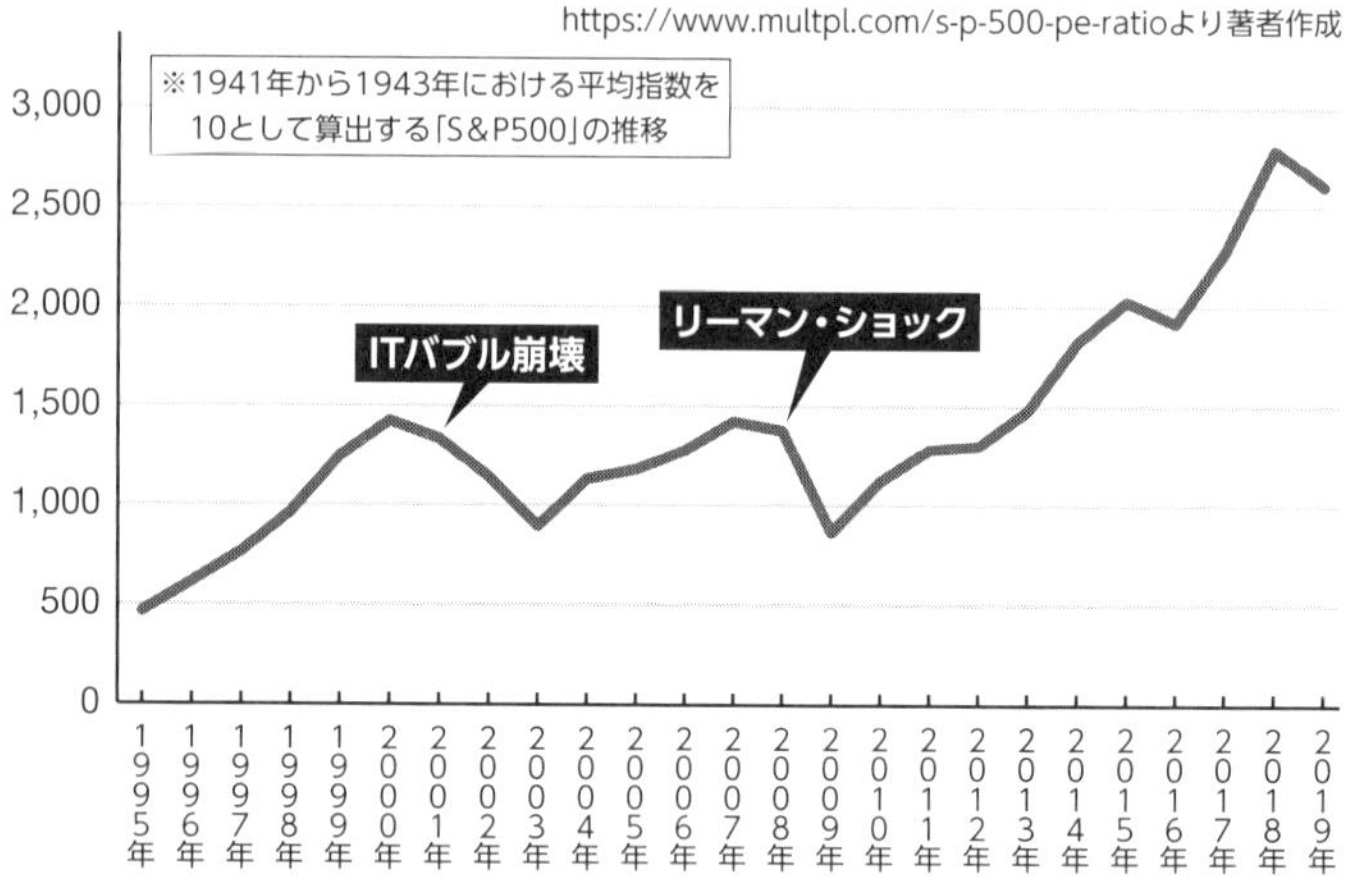

これがいわゆる**「リーマン・ショック」**です。まだ記憶に残っている人も少なくないのではないでしょうか。

これはアメリカの投資銀行であるリーマン・ブラザーズ・ホールディングスが経営破たんしたことを発端に、世界規模の金融危機が発生したものです。

リーマン・ショックのインパクトは凄まじく、株価をおよそ10年前の水準まで後退させるほどでした。

ただ、じつはこれも回復は早く、アメリカ市場が元の株価水準を取り戻すまでに5年もかかっていません。

結局、長期で投資を続けた人が勝つ

この状況を見ると、米国株への投資を不安に思う人もいると思いますが、時代は確実に変わっています。

数々の調整や不況を経験したいま、アメリカ政府は株価を成長させるための有効な金融政策を打てるようになっていますし、リスクを抑えるための手段もあります。

戦前ほど何度も暴落しなくなっているのは、そういう予防策と対処法が増えたからです。

そう考えると、やや楽観的すぎるかもしれませんが、私は**1929年の世界大恐慌レベルの極端な事態は起きない**と考えています。

実際、その後に続くアメリカにおける暴落は、世界大恐慌と比べると、そこまで大きな影響はありませんでした。

結局、米国株に投資をしてもっともリターンを得たのは、長期投資をしていた人たちです。

100年というスパンで見れば、途中の暴落はあるにせよ、米国株は大きく成長しています。

これから米国株投資を始める人も、短期的な株価の変動に惑わされず、じっくりと取り組むようにしましょう。

急騰して飛び乗り、急落して飛び降りる。

これでは資産形成はできないのです。

S&P500指数は過去4年以上のマイナスがない

日本の株価指数であるTOPIXについてはすでに説明しました。

アメリカにも、「ダウ平均株価」「ナスダック総合」「S&P500」といった株価指数（インデックス）があり、やはり株価の変動を理解する上では重要な3指数となっています。

これらの株価指数のうち、もっとも有名なものは「ダウ平均株価（NYダウ）」でしょう。

ニュースなどでもまず表示されるのはNYダウの指数です。

これはもともとダウ・ジョーンズ社が公表していたもので、ボーイングやアップル、ゴールドマン・サックスといったアメリカの有名企業30社の株価を指数化したものです。

ダウ平均株価に連動した投資信託、ＥＴＦもありますが、私はあまりお勧めしません。

理由は単純で、構成要素が30銘柄のみと少ないからです。

個別株投資なら妥当性のある銘柄数ですが、リスクを分散させる意味ではもうすこし銘柄数が多くてもよいでしょう。

そのための投資信託・ＥＴＦなのです。

ダウ平均株価よりお勧めなのは、米国株を代表する株式指数である**「Ｓ＆Ｐ５００」**です。

こちらはアメリカを代表する大企業５００銘柄を、時価総額の高いものから順に集めています。

対象となる業界は情報通信産業を中心に、ヘルスケアや金融など多岐にわたるため、リスク分散の意味で優れています。

過去50年間のS&P500の長期推移

https://www.multpl.com/s-p-500-pe-ratioより著者作成

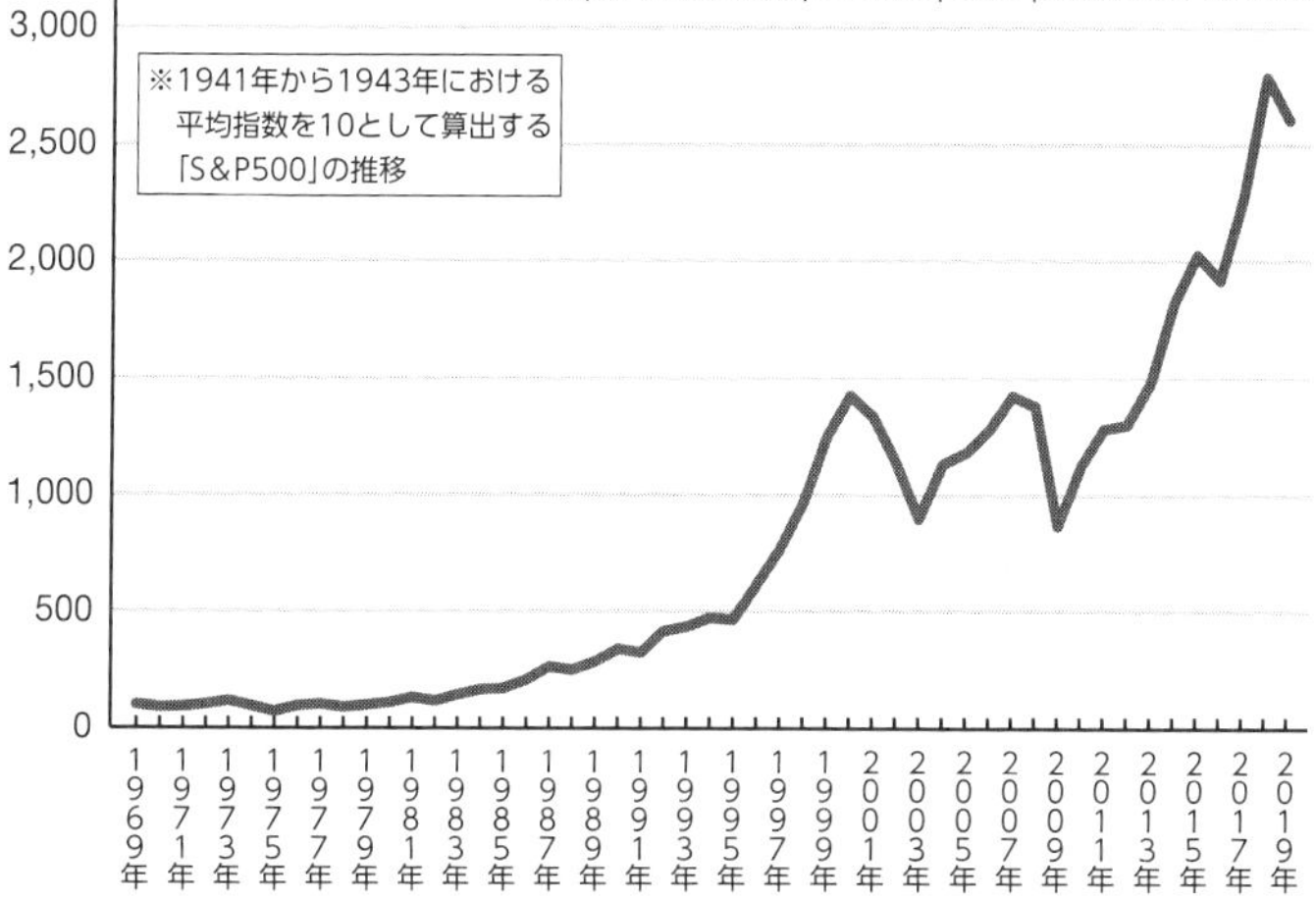

では実際に、過去のS＆P500のパフォーマンスを見てみましょう。

驚くべきことに、**S＆P500のパフォーマンスが3年以上続けてマイナスだったことは過去90年の間に3回しかありません。**

それが1929年のウォール街大暴落、1938年のルーズベルト不況、そして2000年代のITバブル崩壊時です。

先に上げた、1987年のブラックマンデーやリーマン・ショックは、単年の下げ幅としてはインパクトが大きいですが、すぐに回復しています。

ちなみに2008年のリーマン・ショック以後は、配当金込みのでリターンは10%を超えています。

もちろん、これだけのハイパフォーマンスをこれからも永続的に続けられるとは思えません。

とはいえ、S&P500は過去に何度かこのような強いパフォーマンスを出しています。

次章にて紹介しますが、**S&P500に連動するETFに投資をすることは、確実にリターンを得るために有効な手段です。**

これからはNYダウだけでなく、S&P500やハイテク企業が多く入るナスダック総合指数にも注目してみるとよいですね。

結局、米国株がもっとも安定的に成長している事実

本章でお伝えしたかったことは、アメリカを投資先に選ぶことのメリットです。**「新興国」と「成熟国」、両方のメリットを期待できる国は、アメリカをおいて他にはありません。**

投資で長期的に安定したリターンを得るには、個別の銘柄選びよりも、むしろ国選びに目を向けことが重要です。

「どの会社が成長するか」を予測することは困難ですが、「どの国が成長するか」を考えることは難しくありません。

私たちは「人口の先行き（人口動態）」という、これ以上ない確度の高い指標を参考にできるからです。

アメリカは、移民の増加も相まって今後も長らく人口増加が続くと予想され、しかもイノベーティブな企業が次々と生まれています。

ここ30年程度を見ても、グーグルやアップル、マイクロソフト、フェイスブックといった企業がアメリカから生まれ世界を席巻しており、存在感が弱まることはありません。

加えて、世界のビジネスの枠組みを決める政治的な力においても、アメリカはリーダーシップを発揮しています。将来的には中国やインドが抜く事は考えられますが、今後も世界的な経済大国という地位は安泰でしょう。

法整備のメリットについても説明しました。

新興国株式は、成長性は比較的高いのですが、法整備の面がネックです。情報開示や株主保護の面において、先進国ほど環境が整っていないことは理解しておいたほうがいいでしょう。

また、その国の通貨のインフレにも注意が必要です。

先に説明したようにインドネシアは高い成長率を誇りながらも、同時に5～8％にもおよぶインフレがありました。

そのため、投資でリターンを得たとしても、通貨自体の価値が下がることでメリットが少なくなってしまいました。

ベトナムも同様です。

長い株価の停滞期があり、株価が上がらないまま、インフレで価値が目減りする現象が起きていました。

そのため、当時ベトナム株に投資をした人は、財産を大きく減らすことになってしまいました。

アメリカは他国の不況に引きずられにくい

私が米国株に投資し続けているのは、**「米国株がもっとも安定的な成長をする」**

という考えに基づいてのことです。

現在は、経済のグローバル化に伴い、世界の株価はどこも似たような動きをするので、「そこまで国にこだわる必要はないのでは」と考える人がいるかもしれません。

しかし、米国株が下落していれば日本株はほぼ確実に下落するものの、日本株が下落していても、米国株には影響がないという場面は頻繁《ひんぱん》に見られます。

こうした相関関係は、日本との関係に限ったものではありません。

アメリカ経済が悪化すればどの国もそれに引きずられますが、**アメリカには他国の経済悪化に引きずられないだけの強さがある**のです。

第4章

初心者が
いますぐ買うべき
米国投信は
この2＋1本

投資信託を使って米国株投資をする

いよいよ本章からは、具体的に米国株にどうやって投資をすればいいのかをお伝えしていきます。

一口に米国株投資といっても、そのやり方はさまざまです。考えるポイントはいくつもありますが、ここでは次の3つの条件に合う投資法をお伝えしたいと思います。

❶気軽に投資できる
❷だれでも買える
❸長期かつ安定的にリターンを得る

この3つの条件をクリアした投資方法はなにかということですね。

面倒な確定申告の手続きや、為替の両替、そういったものがなく、長期にリターンを得る方法です。

まずだれでも簡単に始められるのは、**「日本円のまま米国株に投資をする」**という方法です。

前述したように、手数料や投資の幅広さを考えると日本円をドルに替えてドルで投資するのも魅力ですが、投資初心者の人が為替のことも考えるのは大変だと思います。

そこで最初の入り口としては、とっつきやすい円による投資信託の積み立てから始めたほうがいいでしょう。

この基準に従えば、投資初心者の方が長期でじっくり資産運用するのに適した投資信託はたったの2つしかありません。

これが本書のメインディッシュです。

米国株投信はこの2本で決まり、だが……

　まずお勧めしたいのは、楽天証券が提供している**「楽天・全米株式インデックス・ファンド（通称：楽天VTI）」**です。

　これはアメリカのバンガード社が提供している「バンガード・トータル・ストック・マーケットETF（VTI）」というETFに連動して値動きする投資信託です。

　VTIはアメリカの4000以上の企業の株式から構成されていて、アメリカ市場に上場している株式の99・5％をカバーしています。

　超有名企業の大型株から、成長の期待されている無名の小型株まで投資しているので、**VTIを買うことはアメリカ市場をまるごと買うこと**といっていいと思います。

パフォーマンスも好調なので、私のブログではこのVTIを一番のお勧めにしています。

ただし、本家のVTIはドルでなければ買えません。そこで初心者にとって助かるのが、円のまま購入できるこの**「楽天VTI」**。

楽天証券が間に入る分だけ、本家のVTIより信託報酬が0・12％ほど上乗せされてしまいますが、ノーロード（売買手数料ゼロ）で、為替手数料も必要ないため、手軽さはピカイチ。投資初心者の人にはかなりやりやすい商品でしょう。

ちなみに、VTI自体は、2019年までのリターンで年率10％を超えてきています。

20年程度の長期投資をして、年間5％程度のリターンを目指すのであれば、これからも無理のない水準といえるでしょう。

とにかく投資の初心者で、難しいことはわからないし、リスクも怖いけど、米国投資に挑戦してみたい人は、この「楽天VTI」で問題ないです。

S&P500に連動した「eMAXIS Slim米国株式」

もう1銘柄は**「eMAXIS Slim 米国株式」**という投資信託です。

こちらを運用しているのは三菱UFJ国際投信で、アメリカの株価指数「S&P500（アメリカを代表する500銘柄）」に連動しています。

「楽天VTI」に比べると構成される銘柄数が少なく、大型株のみとなっていますが、リターンは近似するので、あまり神経質になる必要はありません。

「楽天VTI」と「eMAXIS Slim 米国株式」、どちらにするか迷った場合は、両方買うのもアリでしょう。

ただし、この2つは非常に似た値動きになるため、分散効果はあまり期待できません。

ちなみに、この原稿を執筆している2019年8月では、「eMAXIS Slim 米国株式」の信託報酬はおよそ0・16％です。

S＆P500に連動している投資信託はこれ以外にも、大和証券投資信託委託が運用している「iFree S&P500インデックス」などの商品もあります。

これらはすべてS＆P500に連動した投資信託ですから、どれを買ってもパフォーマンスはほとんど変わりません。

そうなると、決め手になるのはなにか。もうおわかりですよね、信託報酬の安さです。「eMAXIS Slim 米国株式」は信託報酬も安く、大変よい投資信託です。

なお、2019年の9月26日にSBI証券がバンガードグループと連携したS＆P500連動の投資信託、**「SBI・バンガードS＆P500インデックスファンド」**を出すことが決まりました。

これも、プラス1本としてご紹介しておきます。初心者さんはこの3つの投資信託を抑えておけばいいでしょう。

投資信託を選ぶときにはベンチマークを調べておく

投資信託を選ぶ場合は、**「どの株価指数をベンチマークとしているのか」**をしっかり確認してください。

「日経平均に連動する投資信託」と「アメリカの株式指数に連動する投資信託」では、長期的には得られるリターンが大きく変わります。大切なのは、将来性のある株価指数を選ぶということです。

私は米国株の株価指数のなかでも、とりわけ**「S&P500」**や、それに近い値動きのVTIが採用する**「CRSP USトータル・マーケット・インデックス」**に安定性と将来性を感じています。

これらの指数はリーマン・ショックなどの非常時を除いては一貫して右肩上が

りに成長しており、今後のアメリカ経済の発展にともない、さらなる成長も期待できます。

投資信託を買うなら、こういった指数に連動したものを購入するのがいいです。

ほんの数年前まで、米国株式指数に連動した投資信託は、日本では、低信託報酬では買うことができませんでした。

しかし、「つみたてNISA」（151ページで説明します）の開始とともに、2018年からは手数料が低い米国指数連動の投資信託が発売され、有望な投資先候補として選べるようになりました。

繰り返しますが、**投資初心者の方なら、基本的には、いまご紹介した3つの商品を選べばよいでしょう。**

これらの商品なら、どの証券会社からでも購入することができます。

「MSCIコクサイ」は人気だが、お勧めできない

株価指数の1つに、**「MSCIコクサイ」**というものがあります。

こちらはMSCI（モルガン・スタンレー・キャピタル・インターナショナル）社が提供する、世界の株式を対象とした株価指数から、「日本」と「新興国」を除外したものです。

つまり、**日本を除く先進国の株式により構成されている株価指数**ということになります。

MSCIコクサイ・インデックスは、30年以上の実績のある指数で、海外分散投資をするのに大変人気のあった指数です。

この指数に連動したファンドが**「MSCIコクサイ・インデックス・ファンド」**

です。

この商品は、平たくいうと**「日本を除く先進国22カ国の株式市場との連動を狙ったETF」**です。

各国の配分は時価総額を背景にしていますから、米国株がおよそ60％を占めています。

トップテンに並ぶのはアップルやマイクロソフト、アマゾン、フェイスブックなど、アメリカ企業ばかりです。その次にイギリスやフランス、カナダ、ドイツといった先進国の株式が続きます。

MSCIーコクサイ連動の投資信託は、ネット系証券会社のランキングでトップ10に入るほどの人気ぶりです。

そのため、日本人で海外投資をしている人は、少なからずMSCIーコクサイ系の投資信託に投資をしていると考えられます。

こうした状況になっているのは、理由があります。

数年前まで、日本の証券会社で海外株による少額積立投資をしようとすると、ＭＳＣＩコクサイに連動する商品を選ぶほかなかったからです。

それ以外の選択肢がなかったわけですね。

以前は、低信託報酬での海外投資というとこのＭＳＣＩコクサイがもっともメジャーだったといってよいでしょう。

しかし、前述のとおり２０１８年に入り状況は大きく変わりました。

「楽天ＶＴＩ」や「eMAXIS Slim 米国株式」といった優秀な商品が、低い手数料で販売されるようになりましたから、いまはあえてＭＳＣＩコクサイのインデックスファンドに投資をする必要はありません。

ＭＳＣＩコクサイはパフォーマンスが悪い

私がＭＳＣＩコクサイ系の商品をあまり好きになれないのは、構成する国に魅

VTI、SPY、TOKの伸び率

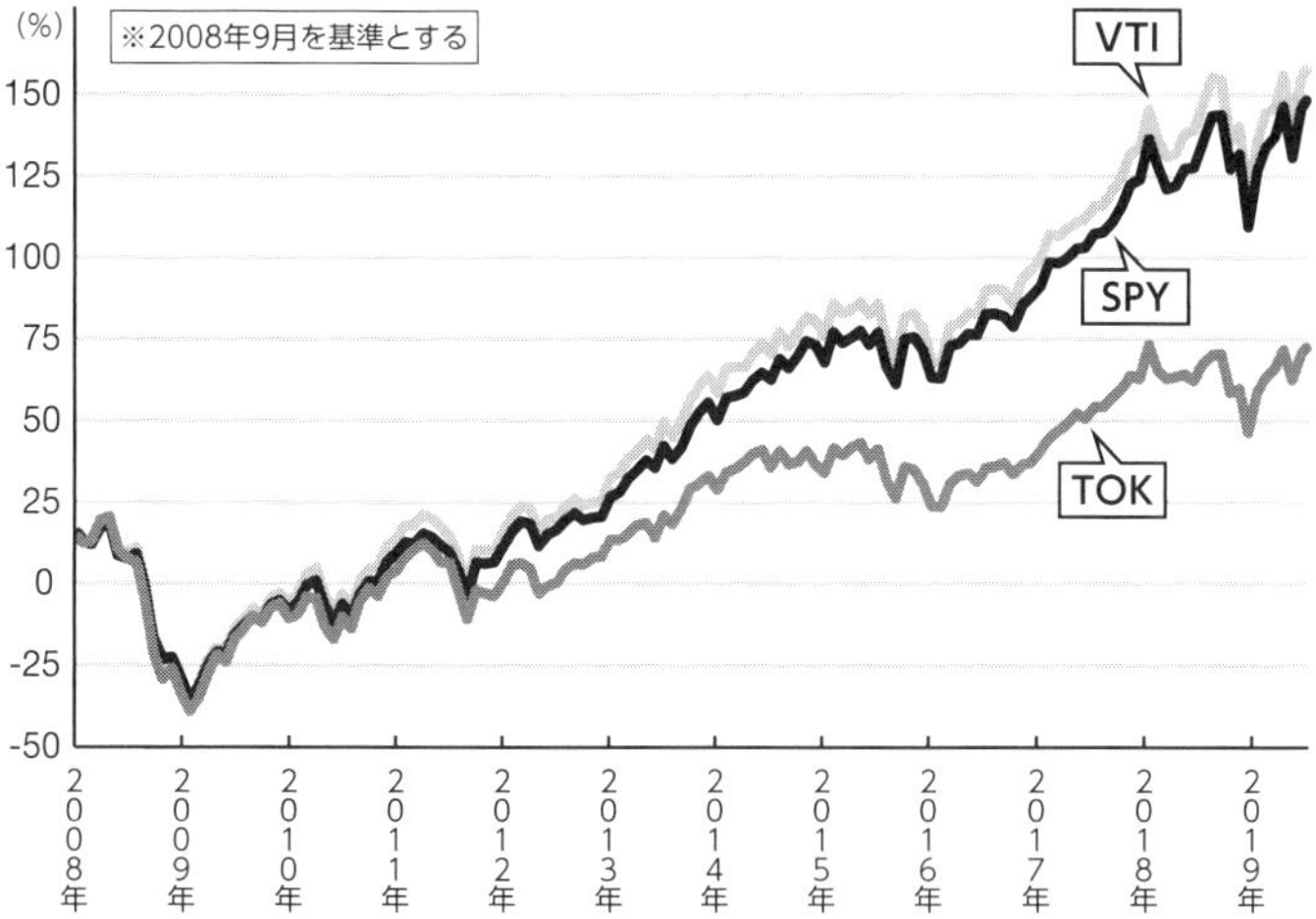

力を感じないからです。

ＭＳＣＩコクサイの中身は、米国株式が6割程度占めているものの、残る4割は日本以外の先進国株式です。つまり、低成長のヨーロッパなどを含むということです。

実際、**過去のパフォーマンスを見てみると、ＭＳＣＩコクサイは、ＶＴＩ等と比較して遅れをとっています。**

実際の数値を見ておきましょう。

ここでは、「ＶＴＩ」、「Ｓ＆Ｐ５００ＥＴＦ（ＳＰＹ）」、「ｉシェアーズ ＭＳＣＩ コクサイＥＴＦ（ＴＯＫ）」を比較してみました。

ＳＰＹはＳ＆Ｐ５００に連動するＥＴＦです。もっとも歴史が長いので、Ｓ＆Ｐ５００

のパフォーマンスを調べるときに重宝します。

2007年末から2019年8月30日までの取引値の比較は、次のとおりです。

VTI（CRSP USトータル・マーケット・インデックスに連動）：＋104％
SPY（S&P500に連動）：＋98％
TOK（MSCIコクサイに連動）：＋17％

TOKのパフォーマンスだけが圧倒的に低いことがおわかりいただけたでしょうか。

この差がついた原因は、リーマン・ショック以後のヨーロッパを始めとする先進諸国の停滞です。日本も同様に低成長になっています。

繰り返しになりますが、インデックス投資は株式指数の伸びる国に投資をしていくというのが基本になります。

つみたてNISAは利用必須の制度

さて、投資をするときに忘れてはいけないのが税金の話です。

現在の日本の税制では、株式を売って利益が出たら、その利益に対して原則として**一律20・315％の税金（所得税、住民税、復興特別所得税の合計）**がかかります。

これはかなり大きいですよね。

また、配当を受け取った場合も、「分離課税」と「総合課税」という2タイプの計算方法を選択することになり、分離課税を選択した場合はやはり一律20・315％の税率で税金が発生します。

本書では税金の詳細な説明については割愛しますが、とにかく投資で利益を得たら、2割程度の税金がかかることは覚えておきましょう。

しかし、この税制を回避する、つまり非課税にできる制度があります。

次の制度を利用することによって節税が可能となります。

・NISA
・つみたてNISA
・ジュニアNISA
・iDeCo（イデコ）

いずれも投資をする人には仕組みを理解していただきたい制度です。

第5章でくわしく解説しますが、ひとまず本章で取り上げておきたいのが**「つみたてNISA」**です。

つみたてNISAとは、個人が「少額積立によって」「長期的に」「分散投資する」ことを支援する制度です。まさに本書で解説してきた資産形成にうってつけの制度となっています。

この制度は、つみたてNISA用の口座（非課税口座）を開設し、その口座に積立投資（年間40万円が上限）をすると、その口座から得られる運用益が、最長20年間にわたり非課税になるというものです。

本来、税金として20％とられてしまうものがゼロになるわけです。

非課税口座のなかに将来性のある投資信託を入れておけば、将来現金化したときに税金をゼロにできるということです。

つみたてNISAの画期的なところは、年限の長さです。

現在の法令では、つみたてNISAの対象となる期間は、2018年から2037年までとされています。この20年間に毎年限度額である40万円を預けると、合計で800万円になりますね。800万円から得たリターンを非課税にできれば、少なくない節約になります。

具体的にシミュレーションしてみましょう。

年間上限が40万円ですから、月になおすとおよそ3万3000円の投資です。

この資金を20年間積み立て、想定利回り5％とすると、20年間でリターンは5

60万円くらいです。

本来は、この560万円に対して2割の税金がかかるわけですから、自分の取り分は112万円減ってしまいますよね。ところが、つみたてNISAを利用していれば、112万円を納税する必要がなくなるのです。

節税で浮いたお金を、さらに投資に回せばより多くのリターンを得ることができますから、ぜひ積極的に活用するようにしましょう。

この章でご紹介した、私がお勧めする投資信託の3つ「楽天VTI」「eMAXIS Slim米国株式」「SBI・バンガードS&P500インデックス・ファンド」は、つみたてNISAにも対応しています。

ですので投資初心者の方がするべきは、

1.つみたてNISAの口座をつくる

2.「楽天VTI」か「eMAXIS Slim米国株式」あるいは「SBI・バンガードS&P500インデックスファンドを毎月コツコツ買っていく

ということで、これが最強の戦略であるといえます。

毎月3.3万円、年利5％で20年間投資した場合の積立金額と運用成果

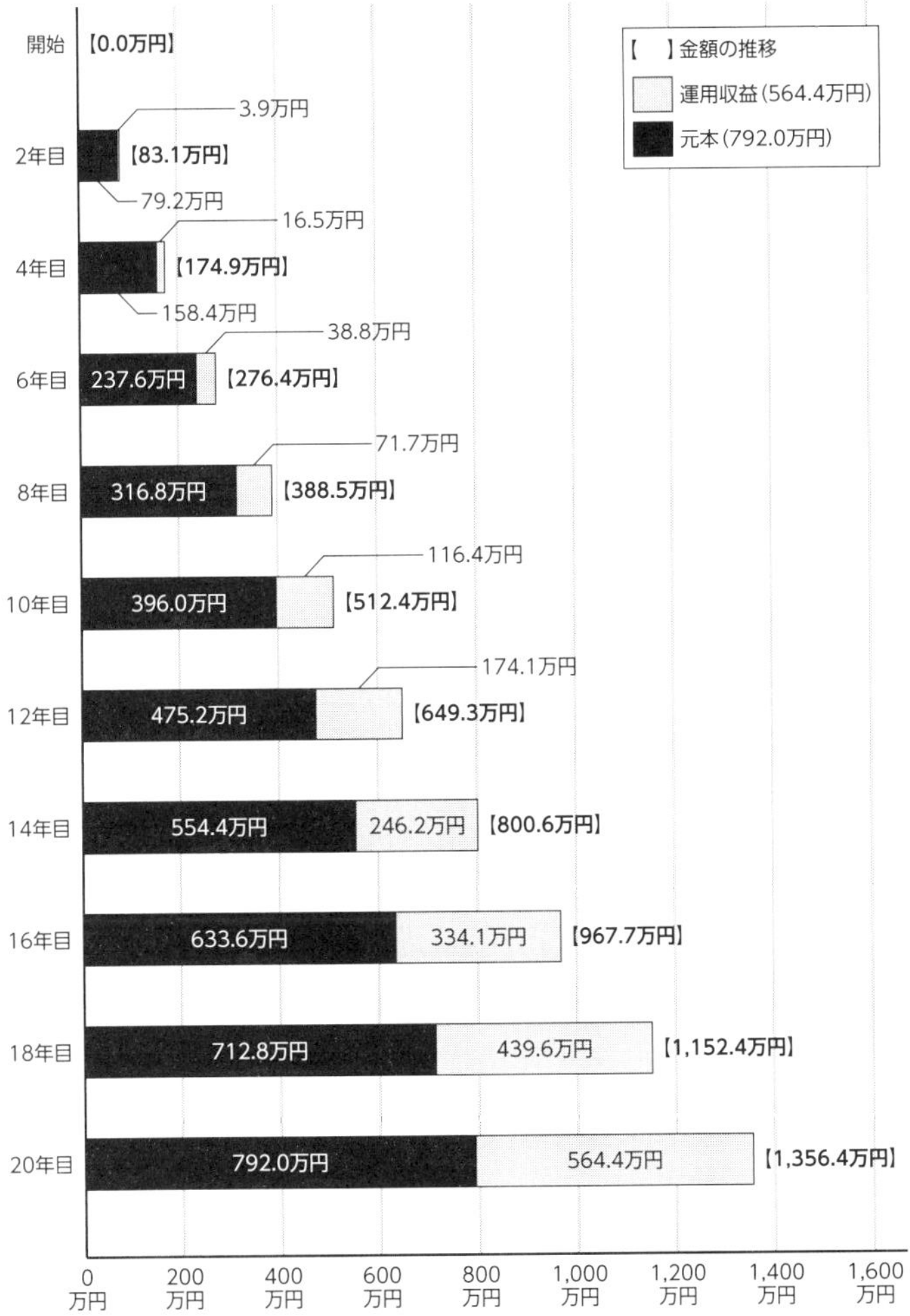

※金融庁のWebサイトにある「資産運用シミュレーション」のツールを使えば、積立投資をしたときに将来いくらの資産になるかの試算が簡単にできます。
https://www.fsa.go.jp/policy/nisa2/moneyplan_sim/index.html

日本円で運用するならこの３本で決まり！

楽天・全米株式インデックス・ファンド（楽天VTI）	
ベンチマーク	CRSP USトータル・マーケット・インデックス
買付手数料	なし
純資産額	約506億円
信託報酬	0.1596%
設定日	2017年9月29日
申込単位	通常買付:100円以上1円単位／積立:100円以上1円単位

eMaxis Slim米国株式	
ベンチマーク	S&P500
買付手数料	なし
純資産額	約268億円
信託報酬	0.162%
設定日	2018年7月3日
申込単位	通常買付:100円以上1円単位／積立:100円以上1円単位

SBI・バンガードS&P500インデックス・ファンド	
ベンチマーク	S&P500
買付手数料	なし
純資産額	—
信託報酬	0.09264%
設定日	2019年9月26日
申込単位	100円

※SBI・バンガードS＆P500インデックス・ファンドは設定前のため、すべて予定です

第5章

投資の軍資金は こうやってつくる

そもそも投資に回せるお金がない人はどうするべきか

ここまでお読みいただいた方は、「いますぐアメリカ株に投資をしたい！」という気持ちになっているのではないでしょうか。

しかし、思い立ったら即行動……に移しにくいのが投資というものです。なにぶん先立つもの（つまりお金）が必要ですし、ご結婚されていれば家族の同意もいるでしょう。

「投資をしたいけれど、そのための資金がない」「家族が投資を理解してくれない」といった問題を抱えている方もいると思います。

そこで、本章ではそうした〝メンタルブロック〟を外し、着実に資産形成をするための考え方を、可能な限りお伝えしたいと思います。

投資は必ず「余ったお金」でやる

まず前提としてお伝えしたいことは、「たぱぞうは決して特別な人間ではない」ということです。

私は短期的な相場を読んで勝負できるような突出した投資家でもありませんし、高スキルのサラリーマンや起業家でもありません。つまり普通の人です。

でも、これは逆に考えれば、私のやった方法と同じように、着実に取り組めば、だれでも私と同じような成果を実現することができるということです。

時間を味方につければ、「億り人」は決して夢ではないし、セミリタイアやアーリーリタイアもできるということです。

老後資金をつくるということにおいてはもっとかなえやすいでしょう。

そのための一番大事なポイントは、**「無理をしない」**ということです。

投資において焦りは禁物です。まずは目の前のやるべきステップに集中するようにしましょう。

では、投資初心者の方が最初に取り組むべきステップはなにか。

それは**「タネ銭」**をつくることです。

これは覚えておいてほしいのですが、投資はお子さんの学費や住宅購入資金のような必要不可欠な資金を犠牲にしてまでやるものではありません。

これらの虎の子の資産を含めて全財産投入し、いきなり投資を始めようというのは、まさにステップを一気に飛び越えてしまう行為です。

これはいけません。

投資は、生活費等の必要なお金を除いた「余ったお金（余剰資金）」で行うことが前提です。

もし、いまのあなたにそもそも余剰資金がないなら、まずはそれを増やすことを意識してみてください。

これは今日からでもできることです。

すべては「節約」から始まる

私たちの経済活動をシンプルに捉えると、「収入」「支出」「投資（貯蓄）」に分けることができます。

余剰資金をつくるなら、簡単な話ですが

- **「収入」を増やす**
- **「支出」を減らす**

のどちらかの方法しかありえません

もし「収入」を増やすのであれば、転職・起業したり、あるいは副業収入を得たりするといった方法が考えられます。

とはいえ、これらはそんなに簡単ではありませんよね。

とくに転職や起業ともなると、逆に収入が減る可能性も考えられますから、慎重に考えたほうがいいでしょう。

もっとも手軽なのは、家族を持つ人は、共働きというのが現実的ですね。ともかく、家族で合意形成して、世帯年収を増やすという発想が大事です。

そういった意味では、収入よりもコントロールしやすい「支出」からアプローチすることが合理的といえるかもしれません。

「節約」ともいいます。

ただ、これも度を越えると日常的なストレスを溜めることになってしまいます。投資で資産を形成するのは幸せになるためですから、そのために過分なストレスを溜め込み、心身が不健康になってしまっては意味がありませんよね。

支出を減らす場合は、心理的な負担があまりない項目から削っていくことがポイントです。

私は、次のような支出を削るのが効果的と考えています。

・**携帯電話**
・**クルマ**
・**保険**
・**飲み代（とくに外での飲み代）**
・**服飾品**

どのような支出を削るかは、人それぞれの優先度によって違います。

たとえば服を買うことがなによりも好きという人は、服飾費を削ってしまうとストレスになり、やがて節約そのものをやめてしまうことも考えられます。これはダイエットのリバウンドと同じ原理ですね。

そうした場合は、服飾費はあまり減らさずに、格安スマホを使ってみたり、クルマはやめて公共交通機関を使ったり、ほかの項目で調整したほうがいいでしょう。

ただし、体は1つしかありませんので、着ない服が何着もある場合は見直したほうがよいですね。

だいたい、1シーズンで1回も着ない服がある場合は、無駄な買い方をしていると思ったほうがよいでしょう。靴もそうです。ムカデならばともかく、私たちの足は限られているのです。

自分の生活に必要なお金を把握する

また、**支出を削るときは、大きな固定費から削る**ことです。

節約のために電気をこまめに消したり、シャワーの出しっぱなしに気をつけたりすること自体は否定しませんが、努力に見合った節約効果はありません。せいぜい月に数千円か数百円です。

したがって、まずは大きな固定費から見直したいところです。

住居費とクルマというのが最たる例です。

とくに住居は収益を生みませんので、よく考えたいところです。クルマもそうです。維持費を含めると年間に何十万にもなります。

また、「スポット的な支出」も考えたいところです。

たとえば、息抜きと称して豪華な外食をしたり、一生に一度だからと何度も知人の結婚式に出席したりといった大きな支出は見直しの余地があるのではないでしょうか。

ちなみに、たぱぞう家の支出は、自宅のローンを別にすると、およそ30〜50万円の枠内で収めるようにしています。これは家族分の生活費なので、もし私1人であれば毎月15万円程度で十分です。

これは人によるでしょう。

大切なのは、月々どのくらいのお金があれば、不自由なく生活できるのか、その金額を把握しておくことです。

それがわかっていれば、支出に応じた収入が確保でき次第、いつでもセミリタイアできますし、やりたいことにチャレンジできます。

支出が大きくて、毎月必要なお金が多い人は、その分たくさん稼がなくてはいけないのですね。


私自身が若かったころを振り返ると、20代のときは月々数万円の投資資金を用意するのがやっとでした。

それでもコツコツと投資を続けてきたことで、30歳になるころには、ようやく大台の1000万円に乗りました。

そこからは資産の増え方が急に早くなっていきました。5000万からは相場にも恵まれたことも大きいです。

5000万円で年間利回りが5%だとすると、年間250万円もの収益が発生しますから、当然のことかもしれませんね。

これは、**「お金を貯める技術」**と**「お金を増やす技術」**を20代までに身につけていたからかもしれません。

投資資金を貯め、コツコツと投資をしていくと、やがて投資による不労所得も増えていきます。

ここまで来れば、投資で得た不労所得をさらに投資に回せるようになりますから、ますます効率的に資産形成できるようになるのです。

とにかく、若いうちに少しでもよいから投資にお金を回し、知識と経験を得ることですね。

これは、自己投資も含みます。そうすることでより効率的な収入増、資産運用ができるようになるのです。

家族が投資に反対したらどうするか？

投資初心者の方にとって、大きなネックになるのが「家族の反対」だと思われます。

ご家族も投資を多少なりとも経験していればいいのですが、おそらく「家族全員が投資に前向き」というご家庭は少ないのではないでしょうか。

私の場合、両親や祖父、叔父が投資をしていましたが、周囲の友人を見ると、日本において「投資をする人」というのはまだまだ極めてマイノリティであると実感します。

リスクが低いとされる投資信託でさえ、抵抗感がある人も少なくありません。ましてや、米国株に投資をしている人はまずいません。

こういった日本の実情を考えると、本書をお読みいただいた皆さんが米国株投資をしようとしたとき、ご家族から反対されることも想像に難くありません。お小遣い制のお父さんなどは、とくにそうでしょう。

投資界では**「嫁ブロック」**という話をよく聞きます。不思議と「夫ブロック」や「パパブロック」はあまり聞かないですね。

ただ、できれば家族が納得する状況の中で投資をしたいですよね。家族は日常生活を共にする存在ですから、その生活の根幹となる「お金に関する価値観」は共有しておいたほうが望ましいです。

また、**投資は家族単位でどう運用するかを考えたほうが効率的です。**

たとえばこの章の後半で紹介する「iDeCo」や「NISA」といった便利な制度は、夫婦でそれぞれ口座をつくれます。

「つみたてNISA」は1口座につき年間40万円に税金がかからなくなりますから、夫婦でそれぞれ口座をつくれば、年間80万円までの投資で利益が出た分の税金を払わなくてもよくなるわけです。

それでは、現状として家族が投資に積極的でない場合はどうすればいいのでしょう。

そのときは焦らずに話し合うことが理想的です。

焦りはケンカにつながり、不毛な争いが続いてしまいますから、あくまで論理的に、**「なぜ投資をするべきなのか、なぜ米国株なのか」**といった点を伝える必要があります。

そのためには本書をご夫婦で読んでいただくのもいいと思いますし、投資家のブログを複数見せるなどし、投資の効用を正しく伝えることが大切です。

もし自分から家族に説明するのであれば、最低限、次のポイントは伝えておくといいでしょう。

1．日本の銀行の預金金利は低すぎるので資産運用に適さない

2．老後に備えて年金以外の収入源を確保しておくべき

3．株式のリターンは預金金利よりもはるかに大きい
4．ETF・投資信託なら手間をかけずに、リスクを分散してお金を増やせる

とはいえ、これらのポイントを伝えたところで、やはり反対されるかもしれません。

そうしたときも、やはり焦ることなく、共に学ぶ姿勢を作りたいですね。

あるいはその間に、せっせと貯金をして、投資を始めるときの種銭をつくっておくのもいいかもしれません。

貯金に反対するご家族は少ないでしょうから。

投資をせずに豊かな生活を送るのはもう難しい

ご家族を説得するに当たっては、自分自身が投資に対するリテラシーを身につけておく必要がありますね。

たとえば「リーマン・ショックのような大不況があれば損をするのでは」と不安を投げかけられたときは、なんと返答するでしょうか。

「短期的には損をする可能性はあるけれど、リーマン・ショックのときでも米国市場は数年で回復した。金融庁が勧めるように、20年、30年という目線で売らずに持ち続ける長期投資をしたい」

という具合でしょうか。

また、**まずは自分が自由に管理できる範囲で投資を始めてみて、そこから得られたリターンを示すのも効果的ですね。**

貯金であればゼロだったわけですから、具体的なリターンを見ることで、投資に前向きになれるかもしれません。

こうした話し合いを経て、ある程度投資に前向きになったら、第1章で説明したように、ネット銀行で元本保証型の定期預金から経験してもらうなどして、自ら手を動かしてお金を動かすことに慣れてもらうといいでしょう。

こうしたスモールステップを踏んでもらうことで、やがて米国株投資であっても、抵抗感がなくなっていくはずです。

投資に反対してしまう家族の説得は、金融教育が十分になされていない日本では非常に骨が折れますね。

でも、家族の未来に直接影響する大切な話ですから、じっくり話し合ってみてください。

本書で何度も説明してきたとおり、いまや、投資に一切目を向けずに豊かに生きるのは難しくなっています。年金に頼って老後を悠々自適に過ごすというのは夢物語です。

家族が投資に反対されるのは、おそらく投資にかかわるリスクを心配してのことでしょう。

しかし、人生はそもそもリスクに満ちているものですから、**「投資で人生のリスクに備える」**という意識に切り換えたほうが、とくにいまの社会では合理的と考えることもできます。

「投資をするのは、家族のよりよい将来のため」という相手への思いやりを示して、資産運用について話してみましょう。

年収がほとんど増えない時代を私たちは生きています。

独身ならばともかく、所帯持ちならば世帯年収でともに力を合わせて資産運用をしていくという目線がこれからは必要になると思います。

いざ老後になったらどうやって取り崩していくのか

投資をするときには、売却や解約のタイミングも考えておく必要があります。いわゆる「出口戦略」ですね。

株式などの投資商品は価格が変動しますから、売るタイミングによって得られるお金が変わってしまいます。

ただし、積み立てにより長期投資をする場合は、基本的に次の2点を押さえておけば十分です。

1．上がり続ける株や投資信託を買い続ける

2．必要なときに、必要なだけ切り崩す

ーについては、これまで説明してきたとおり、上昇を続けている米国株市場への投資を続けることで達成できるでしょう。

具体的には第4章で説明したVTIやS&P500に連動するETFなどです。

ここでの問題は2つめですね。

切り崩しのタイミングです。

米国株がいくら成長するといっても、頻繁に切り崩していたら十分にリターンを得ることはできません。

私のブログでも、**「貯めた米国資産を、どのように利用したらいいのか」**という質問が寄せられることがあります。

ここでご紹介したいのが、「ガチョウと黄金の卵」というイソップ寓話《ぐうわ》です。

ご存じの方もいるかもしれませんが、この寓話は投資の出口戦略と密接に関わるストーリーですから、いま一度、覚えておいていただきたいです。

この物語は、貧しい農夫が飼っていたガチョウが黄金の卵を産み始めた場面から始まります。

ガチョウは1日1個ずつ黄金の卵を産んだので、農夫は卵を売って一気に金持ちになりました。

しかし、物語はこのままハッピーエンドにはなりません。

「1日1個」というペースが遅いと感じた農夫は、「ガチョウの腹には黄金の塊が詰まっているに違いない」と欲を出し、ガチョウのおなかを切り裂いてしまったのです。乱暴ですね。

ところが、ガチョウの腹のなかには金塊などなく、ガチョウは無念の死をとげました。かわいそうに。

農夫はもはや黄金の卵を手に入れることができません。そうして元どおり貧しい暮らしに戻ってしまった……というストーリーです。

私たちにとって米国株は、まさに「黄金の卵を産むガチョウ」です。

ちゃんと育てていけば、長期にわたって金の卵を産み、お金がお金を生む仕組みを継続してくれます。

したがって、よほど困ったことがない限りはガチョウを食べる……つまり投資商品の元本を取り崩すことはしないほうがよいでしょう。

つねにお給料や配当金で生活したり、投資したりすることを心がけるということです。

理想は老後になっても、その姿勢を続けることです。老後も年金とETF等から得られる分配金だけで十分生活できるならば最高の状態ですね。

「老後は配当金だけで生活」が理想

というのも、もし元本を取り崩してしまうと、その後の打つ手がなくなってしまいます。まだ収入を稼げる若い人であればまだしも、老後になって収入源も資産もなくしてしまうのは、やはり避けたいところです。

日本の年金制度がどうなるか読めない現時点では、気軽に元本を取り崩すことはできないと思います。

したがって、老後を迎える前にお金の使い方を学び、**「配当だけでも老後の生活資金は大丈夫」**という状態にしておくのが理想的です。

ただし、私は「元本の取り崩しが絶対にダメ」といいたいわけではありません。人によっては「配当だけでは足りない」こともあるでしょうし、そもそも、投資信託で分配金を出さない場合は、徐々に切り崩す必要はあります。基本的なマインドの話ということです。

ここで大切なことは、**「自分が必要とするお金がどれくらいで、そのためにどうすべきか」**を考えることです。

本章で後ほど説明する「iDeCo」や「NISA」のように税負担を抑える制度もありますから、こうした仕組みも理解したうえで、適切な出口戦略を考えるようにしたいですね。

iDeCoはぜひとも利用しよう

私が投資を始めたころと比べて、昨今の投資環境の進歩は目覚ましいものがあります。

たとえば、本書で初心者にお勧めしている「楽天VTI」といった良質な投資信託を購入できるようになったのも2018年のことです。

また、税制の変化も見逃せません。簡単にいうと、以前よりもはるかに投資で儲けやすい環境になってきたということです。

本書では詳細なルールには踏み込みませんが、「確定拠出年金」と「NISA」というワードは覚えていただきたいと思います。

まず**確定拠出年金**について説明しましょう。

これはいわば「私的年金制度」で、任意で積み立てた掛金を、60歳以降に受け取れるというものです。

運用先は自分で選べますから、リスクをとってある程度ハイリターンを狙うこともできますし、手堅く運用することもできます。

確定拠出年金が制度化されたのは２００１年のことです。もともとは会社員の方だけが対象でしたが、現在は20歳以上60歳未満のすべての人に対象が利用できるようになっています。

それと同時に **「iDeCo（イデコ）」** という呼称が一般的になりました。ここからは、確定拠出年金をiDeCoとして説明を続けます。

iDeCoは退職金に限りがある、すべての人が活用したほうがいい制度です。

理由は次の５点です。

❶ 掛金が全額所得控除になる

❷ 運用中は非課税で再投資できる

❸ 退職所得控除が使える
❹ 差し押さえ禁止財産扱いになる
❺ 自動で積み立て投資が可能

それぞれ説明しましょう。

1 掛金が全額所得控除になる

所得控除とは、毎年の所得税や住民税を計算するときに、所得から差し引けるものです。

会社員の場合、給料の一定金額が「給与所得」として課税対象になるのですが、この給与所得から、所得控除を差し引いたうえで税金の計算がなされます。

簡単にいえば、**「所得控除が増えれば所得税や住民税は減る」**というわけです。

したがって、iDeCoを利用して投資をすれば、それだけ節税できます。

所得税と住民税を合わせると、税率は15～55％です。

もし毎月1万円をiDeCoで積み立てて運用していれば、それだけで年間1万8000円〜6万6000円の節税効果になります。

2 運用中は非課税で再投資できる

通常、株式などの金融商品で配当などの利益を得ると、20・315%を課税されます。そのため、株式を売って利益を得ても、およそ2割差し引いて考える必要があります。

しかし、iDeCoを利用していれば、これは非課税となります。

なお、iDeCo運用中の利益は自動的に再投資に充てられます。iDeCoでAという投資信託に投資をしていた場合、Aから出る運用益は、自動的にAを買い増すために使われるということです。

再投資がなされると、複利の効果によって将来の受取金額が増えていきます。

やはり老後資金づくりの意味でもiDeCoのメリットは少なくありません。

3 退職所得控除が使える

iDeCoを引き出す時に一時金で引き出すと、退職所得控除を受けることができます。退職所得控除は勤続年数に応じて増え、たとえば30年間掛金を積み立てていた場合、1500万円までが非課税となります。

ただし、これは勤め先の退職金との合算での枠です。そのため、退職金の受け取り額が大きい人は、受け取り時期をずらすなど対応が必要です。

現状では、60歳でiDeCoを受け取り、65歳で退職金を受け取るという形にすると、両方退職所得控除を受けられるということになります。

4 差し押さえ禁止財産扱いになる

iDeCoは差し押さえ禁止財産の扱いになります。

たとえば破産してしまった場合、貯金や不動産などの財産は差し押さえられてしまいます。これに対してiDeCoの積み立て額は「年金扱い」ですから、資産保全がされます。法的に差し押さえられません。

老後の生活が最低限防衛されるということで、一種の生活防衛資金として考えることもできますね。とくに仕事が安定しない場合は大きな意味を持つでしょう。

5 自動で積み立て投資が可能

iDeCoは書類上の手続きさえ終えてしまえば、あとはほったらかしで積み立て投資が可能になります。最初に設定した金額を、払い出し年齢である60歳まで積み立て続けることができるわけです。

投資にあまり興味がない人でも継続投資できるよさがあります。

もちろん、途中で積み立て額を減額したり、ストップしたりすることも可能です。ただしあくまでも「年金」ですから、途中でやめた場合でも、引き出し年齢まで引き出すことはできません。

このように、大きなメリットのあるiDeCoですが、毎月払い込める掛金には「上限」があります。187ページの図を見てください。

ざっくり分けると、**「自営業者」「会社員・公務員」「専業主婦（夫）」のいずれであるかによって、iDeCoに毎月いくらまで投資できるかは決められている**のです。

会社員の方の場合は、勤め先が企業年金制度を実施しているか、あるいは企業型確定拠出年金を実施しているかによって、投資できる金額が変わります。

私が自営業者であれば、真っ先にiDeCoを始めます。

図のとおり、自営業者のiDeCoの上限は月額6・8万円と、かなり多いからです。

自営業者には退職金もありませんし、老後の公的年金も生活費として足りないことが自明ですから、iDeCoを利用して老後資金を蓄えておくのは非常に合理的だと思います。

また、会社員の場合でも、あまり多くは投資できませんが、退職金が期待できない場合はiDeCoを利用して損はありません。

iDeCoの拠出限度額について

（第1号被保険者）
自営業者
→ 月額6.8万円（年額81.6万円）（国民年金または国民年金付加保険料との合算枠）

（第2号被保険者）
会社員・公務員等

- 会社に企業年金がない会社員 → 月額2.3万円（年額27.6万円）
- 企業型DCに加入している会社員 → 月額2.0万円（年額24.0万円）
- DBと企業型DCに加入している会社員 → 月額1.2万円（年額14.4万円）
- DBのみに加入している会社員 → 月額1.2万円（年額14.4万円）
- 公務員等 → 月額1.2万円（年額14.4万円）

（第3号被保険者）
専業主婦（夫）
→ 月額2.3万円（年額27.6万円）

※DC：確定拠出年金　DB：確定給付企業年金、厚生年金基金

iDeCoで買うべき投信はこれだけ

では、iDeCoで具体的にどのような商品を選べばいいのかを考えてみましょう。

まず知っておくべきは、iDeCoを利用する際に**必要な手数料**です。手数料は金融機関によって異なりますが、楽天証券の場合、代表的な手数料は次のとおり設定されています。

・加入時・移換時の手数料（都度）：2777円
・運営期間中の手数料（毎月）：：積立あり167円〜　積立なし64円〜
・受取時の手数料（振込の都度）：432円

このほかに、投資信託ごとに信託報酬も負担する必要があります。

この点が、普通に投資をするよりもお金がかかってしまう部分ですが、投資した金額を所得から控除して節税できるので、そこはメリットです。

それよりも**iDeCoで残念なのは、対象となる海外株系の投資信託に限りがある**ということです。

信託報酬が高いものの少なくありません。

楽天証券の場合、2019年8月時点で購入できる、海外株式を対象とする投資信託と信託報酬は次のとおりです。

・たわらノーロード先進国株式：0・2160％
・インデックスファンド海外新興国（エマージング）株式：0・5940％
・ラッセル・インベストメント外国株式ファンド（DC向け）：1・4364％
・iTrust世界株式：0・9612％
・楽天VTI：0・1696％

将来的なリターンも十分に期待できる商品ですから、特段のこだわりがなければ楽天証券ならば**「iDeCoの制度を利用して楽天VTIに投資する」**のがいいでしょう。

ここまででお気づきかもしれませんが、iDeCoの場合は証券会社によって購入できる投資信託が異なります。

つまり、もし「eMAXIS Slim 米国株式」でiDeCoを運用したいのであれば、それが対象となっている証券会社を選ぶ必要があるわけですね。

この、**「証券会社ごとに選べる投資信託が違う」**というのは、つみたてNISAと比べて大きな違いになっています。

また、失念しやすいところなので、iDeCoを始めるときには「どこの証券会社で始めるか」をきちんと選ぶとよいですね。

投資初心者は『つみたてNISA』で決まり

iDeCoの次は「NISA」に関して説明したいと思います。

「つみたてNISA」については第4章でご紹介しましたが、ここで改めて、NISAという制度についてしっかり理解しておきましょう。

NISAはもともとイギリスのISA（Individual Savings Account=個人貯蓄口座）という制度をモデルにしています。

それの日本版だから、NISA（Nippon Individual Savings Account）といいます。

NISAとは、株式や投資信託を運営した場合に、そこから得られる利益を非課税にしてくれる制度です。

これだけ聞くと「iDeCo」とぜんぜん違いがないように感じるかもしれま

せんね。
しかし、NISAはiDeCoと大きく異なるポイントが2つあります。

（違い1）資金の拘束力

iDeCoは年金づくりが目的ですから、60歳になるまで引き出せません。しかし、NISAだったらいつでも株や投資信託を売って、現金に替えることもできます。もちろん長期の投資効率を考えたら、むやみに売ったり現金化したりしないほうがいいのですが、その判断は自由ということです。

（違い2）控除が使えるか否か

NISAでは投資金額が所得控除の対象になりません。
iDeCoで年間10万円投資したら、10万円を所得から引いて、それだけ所得税の支払いを減らすことができますが、NISAで10万円投資しても所得税は節税できないのです。

それぞれ特徴がありますが、NISAとiDeCoは併用できます。

毎月投資に使えるお金に余裕があるなら、それぞれのメリットを活かしてどちらも利用したいところです。

「一般NISA」と「つみたてNISA」の違いはコレ

NISAは2014年にスタートした制度ですが、2018年から新しく「つみたてNISA」の制度もスタートしました。

そのため、「つみたてNISA」と区別するために、従来のNISAは「一般NISA」と呼ばれるようになりました。

これらの制度は20歳以上の人であれば、だれでも利用することができます。

ただし、**「一般NISA」と「つみたてNISA」の併用はできません。**

そのため、自分の投資スタイル的にどちらが向いているのかチェックする必要があります。

さて「一般NISA」と「つみたてNISA」は、年限と積み立てられる金額が違います。

「つみたてNISA」は年間40万円、20年です。
「一般NISA」は年間120万円、5年です。

このことを考えると、「つみたてNISA」が長期投資向けなのに対し、「一般NISA」は中期の投資向けということになります。

株式や景気の循環から考えると、いささか難易度が高いのが「一般NISA」で、万人が利益を得られる年限を取っているのが「つみたてNISA」であると考えられます(子どもや孫の財産形成に使える「ジュニアNISA」という制度もありますが、本書では割愛します)。

両者の制度の違いは、左の図を参照してください。

「一般NISA」と「つみたてNISA」の違い

	一般NISA	つみたてNISA
対象者	20歳以上	
運用方法	通常買付 積立方式	積立方式
年間投資上限額	120万円	40万円
非課税となる期間	5年	20年
対象商品	国内株式 海外株式 投資信託	国が定めた基準を満たした投資信託
非課税対象	対象商品にかかる配当金・売却益	
口座開設期間	2023年開始分まで	2037年開始分まで
金融機関変更	各年ごとに変更可能	

どちらも一長一短ありますが、私としては、**投資初心者であれば「つみたてNISA」をお勧めします。**

投資上限額が少ない、対象商品が狭められるというデメリットはありますが、長期投資ができるからです。

たしかに「一般NISA」は株式や投資信託などいろいろな商品から自由に選べます。

ただ、選択肢の幅が広すぎると、初心者の方はかえってどれを買えばいいか迷ってしまうと思います。

そして**一番の関門は、運用年数が5年と限られることです。**本書でお勧めしているのは数十年単位の長期投資ですから、それには合致しない制度ということですね。

そこで、ひとまずは、「つみたてNISA」を使いましょう。

慣れてきたところでサテライト的にほかの金融商品も追加したい場合、そのときに一般NISAを検討するといった感じでといいと思います。

ただし、1つ注意点を。

読者の年齢にもよりますが、「つみたてNISA」の年間上限40万円（月額約3・3万円）という金額は、もしかすると老後に向けた投資としては不十分な可能性があります。

投資をこれから始める人には無理のない現実的な金額ですが、あくまでも〝投資の入り口〟と考えましょう。

いったんはこれらの制度を上限まで使えるくらいに投資し、経験を積み重ねることです。

そうすれば、経験をもとに、次のステップに進むことができますね。

その上で、入金額を増やして十分なリターンを得られるようにチャレンジしていくとよいですね。

つみたてNISAはどこの証券会社がいいのか

「つみたてNISA」の場合、金融庁の審査を経た資産運用に資するとされる投資商品でなければ買えません。

つまり、なににでも投資できるわけではない、ということです。

現在、つみたてNISA対象商品は約160種類あります。

このなかには本書で紹介した「楽天VTI」「eMAXIS Slim米国株式（S&P500）」などが含まれます。

なお、つみたてNISAの口座は1人1つしかつくることができません。

A証券会社に1つ、B証券会社に1つ……といった具合につくれないのです。

なので、どの証券会社でNISA口座をつくるのかはしっかり考えましょうね。

私としては、**「つみたてＮＩＳＡ」を利用するのであれば、楽天証券をお勧めします。**

というのも、楽天証券は楽天カードというクレジットカードで積立投資をすることができ、投資金額に対して１％のポイントバックを受けることができるからです。

もしつみたてＮＩＳＡの上限である年間40万円を楽天カードで積み立てておけば、年間４０００円のポイントがもらえます。これは他社にはない、非常に優れたサービスといえるでしょう。

もちろん、楽天証券のポイントバックのサービスは大人気ですので、他社も似たようなサービスをローンチする可能性はあります。

しかし、ひとまず２０１９年時点の王道としては、楽天証券で「つみたてＮＩＳＡ」の口座をつくり、楽天カードで積み立てるというのが初心者にとって最適解となりそうです。

最後に改めて、効果的につみたてＮＩＳＡを利用するための手順を整理しておきます。

1　楽天カードをつくる
2　楽天証券に口座を開設する
3　楽天証券でつみたてＮＩＳＡの設定をする

つみたてＮＩＳＡを利用するのであれば、

- **「楽天ＶＴＩ」**
- **「eMAXIS Slim 米国株式」**

がイチオシでしたね。先に述べたように、米国投資信託１本にすることに不安があるのであれば、「楽天ＶＴ」や「eMAXIS Slim オールカントリー」を使ってみてもいいと思いますが、ここは考え方次第です。

大切なことは、米国株１本の投資信託か、国際分散投資をする投資信託を選ぶことにあります。そのうえで節税制度と長期投資という時間をうまく活用すれば、手間なく簡単に資産を増やしていけます。

第6章

投資に慣れたら「ドル」で取引しよう

ここから先の内容はちょっと中・上級者向けになります。

ですので、まったく投資をしたことがない人は、まず本書の第1～5章をしっかり読み、実際に第4章で紹介した投資を行ってみてください。

第6章以降は、それから読むことをお勧めします。

ドルで投資をする3つのメリット

米国株投資をするときには、「円で投資をする」または「ドルで投資をする」という2つの方法を使えます。

第4章で説明したのは前者ですね。

「楽天VTI」のような投資信託に投資をすれば、円で気軽に米国株投資を始めることができます。

ただ、ある程度米国株投資に慣れてきたのであれば、ぜひ手持ちの円をドルに替えて、ドルでの投資にチャレンジしてみましょう。

私も、投資対象が限られる「つみたてNISA」の口座以外は、ドルによる投資を基本としています。

なぜドルがいいのか。
次の3つのメリットがあるからです。

❶日本円との分散投資ができる
❷多様な商品をもつ米国市場にアクセスできる
❸為替手数料が節約できる

それぞれくわしく説明しますね。

1 日本円との分散投資ができる

「給与を日本円で得て資産運用も日本株で、さらに年金も日本円」となると、日本経済が冷え込んだときには大きなダメージを受けてしまいます。

たとえば、かなり極端な話ですが、もし円が暴落したとすると、資産が大幅に目減りします。

しかし、資産の一部をドルで持っておくことで、こうしたリスクを抑えることができます。

人口減少社会に突入した日本は、社会保障費や凄まじい国債残高に直面しています。今後もこれらの問題に対症療法的に凌いで行くという政府の方向性は変わらないでしょう。

であれば、視野を広くして海外投資で備えておいたほうが安心です。

投資信託でも間接的にはドルへの投資になりますが、ドルベースでの投資というのはそういう意味もあるということです。

2 多様な商品をもつ米国市場にアクセスできる

日本からも海外の株式に投資をすることはできますが、その選択肢には限りがあります。

しかし、アメリカ市場は他国に比べて扱う商品が格段に多く、使い勝手がいいです。

S&P500などの基本的な指数連動ETFは円でも買えますが、もっと多様なアメリカの株価指数に連動する商品も数多くあります。

たとえばハイテク株に特化したETFである**「バンガード・米国情報技術セクターETF（VGT）」**を買ったり、ヘルスケアに特化したETFである**「バンガード・米国ヘルスケア・セクターETF（VHT）」**に投資したり、NASDAQ100に連動したETFである**「インベスコQQQトラスト・シリーズ1（QQQ）」**に投資したり。

時宜《じぎ》にかなった投資をするならばドルベースでの投資は必須といえます。

もちろん、アメリカの個別株に投資することも簡単です。

あとで説明しますが、ADRという仕組みを使えば、アメリカ以外の株式に簡単に投資することもできます。

ドルベースで米国市場へのアクセスができるということは、世界一の金融先進国であるアメリカの優れた商品群をいつでも買えるということを意味するのです。

3 為替手数料が節約できる

円で米国株や米国ETFを買うと、売買の都度、為替手数料が往復でかかってしまいます。

つまり、「円をドルに替えて米国株を買うとき」と、「米国株を売ってドルを円に替えるとき」の2回分の手数料がかかってしまうのです。

しかし、**最初からドルで決済し、ドルで保有し続けていれば、最初にドルを買うときの為替手数料だけで済みます。**それ以上の手数料はかかりません。

また、資産運用のリターンをドルで得て、そのドルを再投資すれば、複利によってリターンも大きくなります。長期的な資産運用にも効果的です。

さらにいえば、為替変換をする必要がないということは、為替相場を気にする必要がなくなるということでもあります。

最初からドルで長期投資をしていれば、資産運用中の為替相場に敏感でありすぎる必要はありません。

ドルで投資をする2つのデメリット

ただし、ドル投資にはデメリットもあります。

１つは**「売買手数料」**の問題です。

売買手数料は、株式や投資信託の売買の都度かかるものです。

日本の証券会社を通じて取引する場合、日本株に投資をする場合より、外国株に投資をするほうが、売買手数料が高く設定されています。

ネット証券会社のマネックス証券、ＳＢＩ証券、楽天証券については外国株の売買手数料も０・45％と比較的低く抑えられていますが、それでも日本株に比べると割高です。

ただ、２０１９年の夏に最低手数料が無料化され、少額での買付ができるようになりました。

特定口座対応も含めて、急速に投資環境が整ってはいますが、まだまだ日本株投資の環境に比べると劣っているところはありますね。

また、**ドルで投資をすると、税金の手続きが若干面倒になります。**

配当課税で二重課税の状態になっています。

海外の税制に基づき、海外でも配当課税が源泉徴収されているからです。

これを解消するためには、日本で確定申告をして外国税額控除の手続きをして、納めすぎている税額を取り戻す手続きが必要になります。

これらの手続きはネットで調べながら自分でもできますが、時間がない場合や最初のうちは、税理士さんや税務署に相談する必要があるかもしれません。

ドルで投資をする場合、こうしたちょっとした面倒くささが発生してしまうのがネックですね。

ドルで投資する場合もやっぱりVTIが最強

ドルで投資をする人に、私がまずお勧めするのが**「米国株ETF」**です。

円で投資をしようが、ドルで投資をしようが、基本的に戦略は変わりません。

投資対象の分散は大事です。

ドルでの投資初心者の方にまずお勧めしたいのは、このような米国株に特化したETFです。

なかには、米国株の個別銘柄を直接選んでチャレンジしたい人もいると思います。それはそれでよいことですが、コアになる投資としては、ETFをコツコツ積み上げ、サテライトとして個別株をトッピングするというやり方がオーソドックスです。

慣れてくるなかで、もしETFよりも高いパフォーマンスを個別株投資で連続して出せれば、それはもう投資上級者です。

そういう人は、コアになる投資を個別株にしてもよいでしょう。しかし、インデックスにつねに勝ち続ける個別株投資はプロでも難しいといわれています。

本書は、投資初心者さん向けに書いていますので、ここでは第一に米国株ETFの投資をコアとすることを推奨したいと思います。

それでは、数ある米国株ETFのなかで、なにを選べばいいのでしょうか。

私がまずご紹介したいのは、アメリカの大手運用会社バンガードによる、次の3種類のETFです。

❶バンガード・トータル・ストック・マーケットETF（通称「VTI」）

❷バンガード・トータル・ワールド・ストックETF（通称「VT」）

❸バンガード・米国高配当株式ETF（通称「VYM」）

この3つは、いずれも着実な資産形成に向いているものです。

私がブログの読者の方などから「米国株投資で最初に買う商品はなにがいいか」と聞かれたときには、とくにVTIと答えてきました。

順に説明していきます。

1 バンガード・トータル・ストック・マーケットETF(VTI)

「VTI」は、ニューヨーク証券取引所またはナスダックで扱われている約4000株を対象とするETFであり、米国株のじつに99・5%をカバーしています。

つまり、VTIを購入することは、ある意味でアメリカ経済をまるごと買うようなものです。運用額も日本円にして12兆円規模になっており、世界から多くの資金を集めています。

2 バンガード・トータル・ワールド・ストックETF(VT)

「VT」は、アメリカだけではなく世界中の株式を対象としたETFです。

投資対象は、国別の時価総額（株価に株数を掛けた額）の割合に応じて決められていますから、米国株が5割超、2位の日本株が7・5%、その後はイギリスなどの先進国が続きます。

VTは、投資先の分散という意味では優れているのですが、これは裏返すとデメリットになってしまいます。

というのも、**VTは構成上、EUや日本など成熟国、さらに長期投資するには不確定要素の大きい新興国も含まれている**からです。このことから、私はVTよりもVTIに魅力を感じています。

ただ、「米国株1本に絞るのはやっぱり不安」という人は、VTを選ぶのもアリでしょう。事実、日本人投資家には大変人気のあるETFです。

もっとも、アメリカ本土での運用総額は上位とはいいがたいです。つまり、あまり人気があるETFではないです。国によって評価の分かれるETFであることは知っておいてよいでしょう。

繰り返しますが、日本においては大変メジャーなETFで、国際分散投資のロジックには合致したETFですので、一応ご紹介しておきます。

アメリカ一国の成長に賭けるのは怖い、しかし、世界経済の成長ならば確実だ、と考える人には合っています。

リターンはいままで劣ってきましたが、投資は「腹落ち」すること、納得することが大事です。

私はVTIのほうを勧めますが、少しでも不安に思うならば、より投資対象の広いVTというのは悪くありません。

3 バンガード・米国高配当株式ETF（通称「VYM」）

最後の「VYM」は、「米国高配当株式」と名づけられているとおり、アメリカの安定高配当株で構成されたETFです。

米国株のなかでも高配当で比較的業績の安定した成熟株から構成されます。

成熟株なので、売り上げ成長率などには課題がある場合が多いですが、適切な銘柄の入れ替えにより、3%前後の安定した分配金と、たしかな値上がり益が魅力の株式です。

もっとも、成長性という意味ではVTIのほうが高く、トータルのリターンではVTIのほうが良いです。

この傾向は今後も変わることはないでしょう。

VTIやVTと同様に、VYMも信託報酬は良心的ですし、現在選べるなかではもっとも優れたETFの1つといっていいでしょう。

ただし、VYMは構成銘柄が400ほどとちょっと少なめなので、分散という意味ではVTIやVTには劣ります。

将来、株数を減らさずに、分配金収入を年金代わりにしたいような場合は適したETFになります。

S&P500連動ETFならこの3本!

王道のS&P500連動ETFも、ドルで投資するなら複数選べます。
有名なものでは次の3つです。
いずれも、日本からドルで投資することができます。

1. SPDR® S&P500 ETF(通称SPY)
2. iシェアーズ・コア S&P500 ETF(通称IVV)
3. バンガード・S&P500 ETF(通称VOO)

それぞれ、「ステート・ストリート」「ブラックロック」「バンガード」という会社が運用するETFです。

ちなみにETF業界はこの3社で実に世界の運用総額の7割を超えており、まさに寡占《かせん》状態です。

それぞれ簡単に説明すると、「SPY」は設定日が1993年ともっとも歴史が古く、個人投資家のみならず機関投資家も含めて幅広く利用されています。純資産額（運用額）もおよそ27兆円におよんでいます。

つまり、**SPYは世界でもっとも人気のあるETFであり、機関投資家も含めてよく利用されている商品**ということです。

売り買いしやすいことを「流動性が高い」といいますが、「SPY」は非常に流動性が高い商品です。プレーヤーがずば抜けて多いからです。

ほかの2つ、「IVV」は設定日が2000年で純資産額は約20兆円、「VOO」は2010年設定の後発で、純資産額が約12兆円です。

歴史や規模、流動性の面ではSPYに軍配が上がります。

ただし、「IVV」と「VOO」にもメリットがあります。

信託報酬が安いということです。

ブラックロック社とバンガード社は熾烈な信託報酬の引き下げ競争を行ってきました。

その結果、2019年8月時点では、次の表のとおり、とても低い信託報酬となっています。

合わせて分配金利回りも載せていますので、比較してみてください。

	信託報酬	分配金利率
SPY	0・0945%	1・82%
IVV	0・04%	1・86%
VOO	0・03%	1・85%

まとめると、

・**流動性の安定感**を取るならば**SPY**
・**配当の高さ**で見るならばわずかに**IVV**
・**信託報酬の低さ**を取るなら**IVVかVOO**

ということになりますね。

個人投資家レベルでは流動性は気にしなくていいので、IVVかVOOで選べばよいでしょう。

これら3つは同じくS&P500に連動するので、値動きもほとんど変わりません。

それに、これらの信託報酬は、今後さらなる値下げもあるかもしれませんね。

ほんの数年前まで信託報酬は0・07%ほどでしたが、その後0・04%になり、とうとう0・03%まで下がっています。

このETF運用の世界は完全にスケールメリットを生かした場になっており、メジャーな競争相手の多いETFではコスト競争は熾烈です。

私たち利用者にとってはこうした値下げ競争は歓迎するところですね。

S&P500にはアップルやマイクロソフト、アマゾンといった大きな時価総額の銘柄も当然含まれており、米国株全体に分散投資がされているETFです。**個別の会社の倒産リスクはよく分散されており、ETF自体がゼロになることはありません。**

これが個別株とETF・投資信託の大きな違いですね。

S&P500はITバブル崩壊やリーマン・ショック時に一時的な落ち込みを見せているものの、間もなく回復し最高値を更新しました。

もちろん、短期で見れば市場は上下するものですが、そうした波にうまく乗ろうと努力するよりは、ドルコスト平均法でコツコツと投資することを徹底した方が効果的でしょう。

多くの投資家を惹きつけてやまないS&P500連動ETFは、これからも世界でもっとも人気を集めるETFとして利用され続けることでしょう。

とにかく安全第一なら債券ETFで

ETFでの投資に限って説明してきましたが、さらに幅広く投資をしたい方に向けて、債券や金などを対象とする投資法も解説します。

債券というのは国や企業の借金のことで、一般的には株式や投資信託より安全性が高いとされています。そのため、株式市場などで不安感が広がると、債券が買われることが多いです。

金も安全資産といわれるもので、株価が下がるとよく買われます。

こうした資産は、米国株とはまた違った値動きをするので、債券投資信託・ETFで活用することができますね。

まずはバンガード社が扱う債券ETFである**「バンガード・米国トータル債券**

市場ETF（BND）」について。

こちらは、米国の8000銘柄に上る投資適格債券市場全体への投資をするETFとなっています。

「投資適格債」とは、債券のなかでも信用力が高いと第三者格付機関が判断したものを指します。

つまりBNDを平たくいうと、**「比較的安全な短中長期債券にバランスよく投資をするETF」**ということです。

BNDの場合、中身の大半はアメリカの国債など安全性の高い債券で、信用格付の裏付けのあるもので構成されています。

BNDが設定されたのは2007年ですから、そこそこの歴史があり、信託報酬は0・05％という低さです。

VTIなどの株式ETFと違い、BNDは値動きがほとんどありません。

過去のチャートを見ると、2007年に75ドルだった取引値が、2019年になっても84ドルとあまり上昇していないことがわかります。

分配金もほとんど成長していません。

基本的にはそれぞれその時の金利状況に左右されます。2019年現在、利回りはおよそ2%半ばと、そこまで高いわけではないです。

ただ、**とにかく安定した値動きとインカム（分配金）を得られる商品**になっています。

債券ETF特有の「値動きがほとんどない」という特性は、ある意味では「損をしにくい」というメリットと捉えることもできます。

特筆すべきは、リーマン・ショックのときですら、債券ETFは落ち込みが小さかった点です。

およそ5%程度しか落ち込んでおらず、すぐに回復しています。

ダウ平均株価が高値から50%を超える落ち込みをし、回復するまで数年かかったことを考えると、BNDの安定感が際立ちますね。

債券ETFは困ったときの「避難所」になる

もう1つ債券ETFを紹介したいと思います。

「iシェアーズ・コア米国総合債券市場ETF（AGG）」というものです。

AGGの設定日は2003年9月ですから、BNDよりも伝統ある債券ETFということになります。

信託報酬はBNDと同じく0・05％と低く、やはり取引値の動きもあまりありません。

2006年8月に100ドルだった取引値は、2018年10月時点で104ドルになっています。

リーマン・ショック時の反応具合も、BNDと似ています。

こちらも分配金の利回りも2％半ばと決して高くはないのですが、分配金を再投資すれば複利効果で年率5％程度の値上がりを示しています。

BNDとAGGは非常に似た性格の商品です。

ベンチマークを考えると当然ですね。

どちらを買うか、好みに従ってよいでしょう。

いずれも次のような場面で使えます。

・とにかく値動きを最小限に抑えたい
・2%程度の利回りでも十分な収入を確保できるくらい投資金額が大きい
・株高局面で手元に厚い現金がある
・ポートフォリオ（投資の分配先）のバランスをとりたい

まだ投資金額が大きくないうちは、BNDやAGGといった債券投資はリターンの面で物足りないと思われます。

しかし、**ある程度資金が増えたのであれば、これらの債券ETFを「安全なETF」として活用し、手持ち資産の値動きをマイルドにできます。**

それこそ1億、2億の投資額になると1日の値動きで数百万円動くこともあります。

そういう値動きに心痛むようであれば、債券を入れて運用するのは大いにありでしょう。

たとえば極端な話、5億円の投資資金があれば、債券ETFだけで運用し、2％程度の利回りで毎年1000万円の収入を獲得できるわけです。BNDまたはAGGで確実に毎年1000万円を取るという投資スタイルを好む人もいるでしょう。

また、そこまで投資金額が大きくない場合でも、債券ETFを**「一時的な投資資金の避難場所」**として活用する手もあります。

株式の値上がりが続く局面で、一時的に株式を売って債券ETFに資金を逃しておけば、ほぼ利益確定になります。

投資の基本は株式投資ですが、債券投資も引出しとして持っておくと、投資の幅を広げられることは間違いありません。

資産額が大きくなるととくにそうです。

なお、債券に投資をするのであれば、アメリカ国債やアメリカ企業の債券を直接買うという方法もあります。

また、どうしても元本が大きく割れるのが嫌な人は「債券ETFを入り口にして海外投資を始めてみる」という使い方もできそうですね。

債券ETFは、とにかく安全に投資をしたいという人にはお勧めです。

長期リターンは低いが有事に強い「金ETF」

ドルで購入するETF関連で最後に紹介したいのが、**「現物資産」**に投資をするタイプのものです。

現物資産とは、株式や債券とは違って形のあるものです。

たとえば金や不動産、美術品などが当てはまります。

株式が紙ベースでの投資だったので「ペーパーアセット」というのに対し、これらは現物ということで「ハードアセット」ということができます。

こうした現物資産は、**政治経済の悪化やインフレ対策**として活用できます。

通貨の価値というものは、たとえばリーマン・ショックのような経済危機や、テロや戦争といった非常時の影響を受けやすいものです。

そうしたときでも、現物資産は比較的値下がりしにくいとされていますから、投資対象の候補として考える価値はあるでしょう。

大昔はこうしたハードアセットは現物を持つことしかできませんでしたが、管理の手間がかかるため、現在では証券化したペーパーとして持つことができます。これらもETFとして購入し、資産の分散を助けてくれるものです。

不況になると金は高くなる

ドルで買える金ETFとしてもっとも有名なものが、ステート・ストリート社による**「GLD・SPDR®ゴールド・シェア（通称GLD）」**です。

これは、アメリカ・日本・メキシコ・香港・シンガポールの金相場に連動するETFです。

GLDは個人だけでなく、各国の年金基金や中央銀行も買い手となっており、

GLD・SPDRゴールド・シェアの価格推移

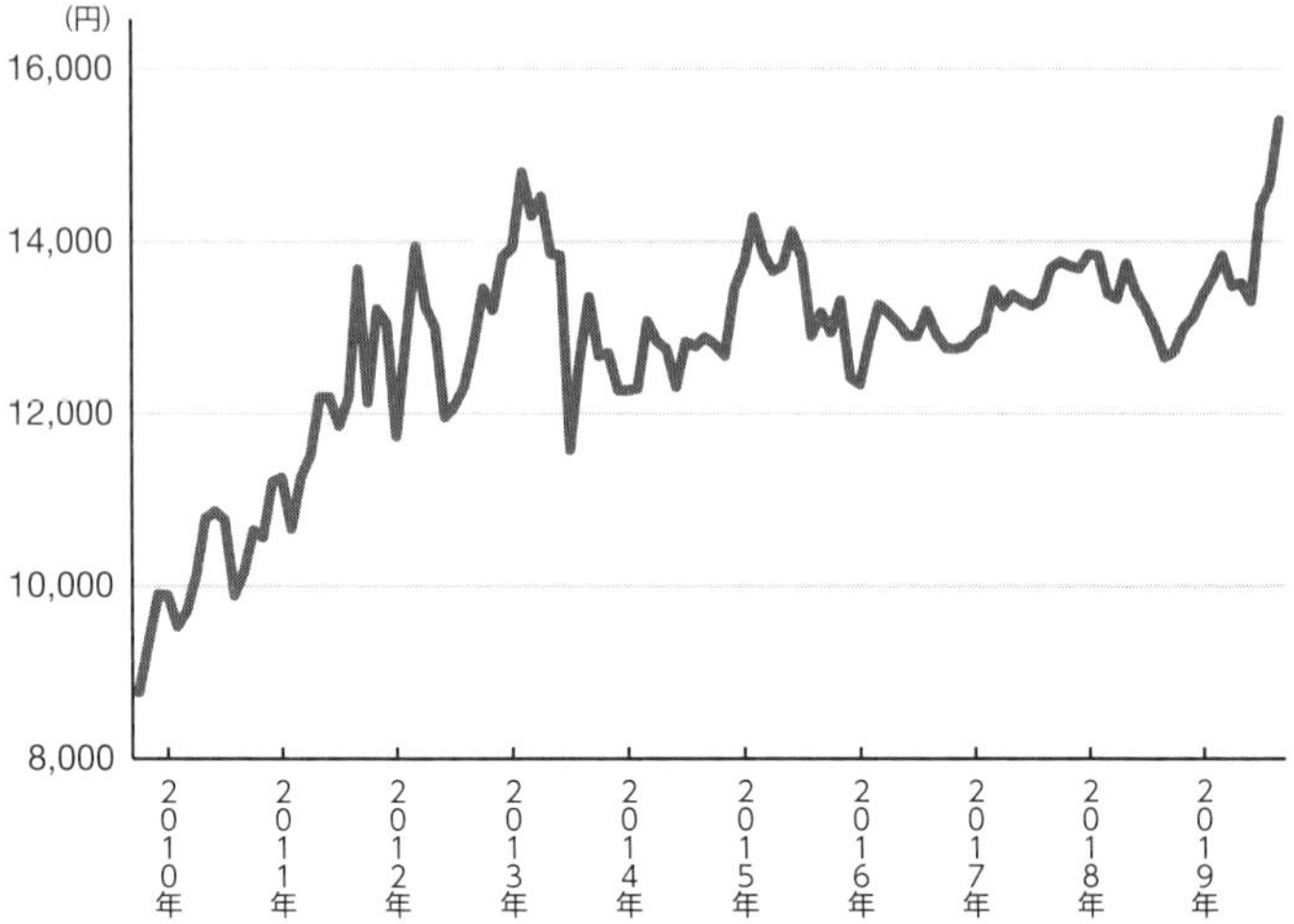

運用総額はおよそ4兆円に上ります。いうまでもなく流動性は高く、簡単に売買できるのが魅力です。

ただ、GLDを買っている人たちは、別にこのETFが将来大きく成長したり、たくさん分配金をくれたりすることを期待しているわけではありません。

あくまでリスク対策として持たれているというのが実態でしょう。

実際、GLDの値段のチャートを見てみましょう。

10年単位では順調に成長していますが、2013年に高値をつけてから、ゆるやかに値下がり傾向にあります。

これは、アメリカ経済が好調だからです。

それまで金ETFにつぎ込まれていた資金が、米ドルや株式に流れているということです。

しかし2019年になり、再び上昇しています。

とくにアメリカと中国の貿易摩擦が激化してからは顕著に上昇しています。資産分散が図られていることがわかります。

金の価格と世界経済にはそれなりの逆相関の関係があります。

つまり、世界経済が好調なら、金の値段が下がるということです。

逆に世界経済に懸念があったり、不調だったりすると、金が人気になり、価格が上がります。

わかりやすい懸念としては、大きなテロや戦争があります。このようなときも金の人気は高くなります。

そのため、**「有事の金」**などといわれることもありますね。

さてＧＬＤは信託報酬が０・40％とやや高めで、商品の性質上、分配金が出ることもありません。

つまり、**長期リターンを得るための投資先としてあまり魅力的ではない**ということです。

それでも、２００７年から２００９年のサブプライムローンの騒動やリーマン・ショックのときには、やはり値を上げています。

リスクから逃げたくなったときの避難場所となってきたことがうかがえます。

そのため、万が一、アメリカ経済が不調に陥ったときのために、金にも投資しておくという作戦はあり得ます。

不動産ETFを買うならこの2本

現物資産投資の代表格である「不動産」も、ETFで投資できます。

かつては、アメリカの不動産に投資をしようとすると、実際の土地や建物を買う必要がありました。そのため一般人には手を出しにくかったのですが、いまは「REIT（リート）」というものがあります。

これは、多くの人から集めたお金で不動産を購入し、その家賃収入などを出資者に分配する商品です。

リートの登場により、個人でも気軽に不動産に投資ができるようになりました。いまでは、この米国リートを集めたETFも販売されているため、日本にいながら簡単に米国不動産に投資できるようになったわけです。便利な時代ですね。

ちなみに、**米国リートにも〝買ってはいけない〟ものが存在します。**それは、投資信託でよくある**「毎月分配型　為替ヘッジあり」**というタイプのものです。

一見すると、毎月分配金が出るため、魅力的に感じられるかもしれません。しかし、分配金を出すために元本が削られるなどの問題が起きる可能性があります。また、よくある１％を超える高額な手数料もネックです。円で買える投資信託は資産形成に適さない商品が多いですから、気をつけたいですね。

では、**「買ってもよい米国リートETF」**とはどのようなものでしょうか。それは、比較的低い手数料で買えるものです。絞り込むと、次の2つが挙げられます。

- **iシェアーズ　米国不動産ETF（通称IYR）**
- **SPDR®ダウ・ジョーンズREIT　ETF（通称RWR　US）**

「IYR」の信託報酬は0・42％、「RWR」に至っては0・25％です。この数年でずいぶん下がりました。

株式ETFに比べると信託報酬は高めですが、資産の分散という意味では人気があります。それぞれ歴史があり、アメリカでも多く取引が行われているため、流動性も高いです。

IYRやRWRはいずれも設定日から20年ほど経っていますが、平均すると年率10%ほどのリターンがあり、分配金の利回りも約4%と好調です。

これは驚異的といってよいでしょう。これら2つの米国リートETFはパフォーマンスが非常に似ており、両方ともすぐれたETFです。

ただし、**リートは不況時に大きく下がる性質を持っている**ことに注意が必要です。日本もバブル崩壊後に不動産の価値が大きく下落しましたが、こうした状況になるとリートの価値も下がってしまいます。値動きは注意が必要ですが、リターンは大きく、値上がりも魅力です。

やはり米国株投資をメインに、債券や金、不動産に関連するETFをトッピングすればいいでしょう。

第6章で紹介したドルで買えるETF一覧

名称	ベンチマーク	純資産総額	信託報酬	設定日
バンガード・トータル・ストック・マーケットETF（通称VTI）	CRSP USトータル・マーケット・インデックス	約174億ドル	0.03%	2001年
バンガード・トータル・ワールド・ストックETF（通称VT）	FTSEグローバル・オールキャップ・インデックス	約125億ドル	0.09%	2008年
バンガード・米国高配当株式ETF（通称VYM）	FTSEハイディビデンド・イールド・インデックス	約249億ドル	0.06%	2006年
SPDR® S&P500 ETF（通称SPY）	S&P500	約2615億ドル	0.0945%	1993年
iシェアーズ・コア S&P500 ETF（通称IVV）	S&P500	約1808億ドル	0.04%	2000年
バンガード・S&P500 ETF（通称VOO）	S&P500	約1190億ドル	0.03%	2010年
バンガード・米国トータル債券市場ETF（通称BND）	ブルームズバーグ・バークレイズ米国総合浮動調整インデックス	約424億ドル	0.04%	2007年
iシェアーズ・コア米国総合債券市場ETF（通称AGG）	ブルームズバーグ・バークレイズ米国総合インデックス	約659億ドル	0.06%	2003年
GLD・SPDR®ゴールド・シェア（通称GLD）	金価格	約439億ドル	0.40%	2008年
iシェアーズ　米国不動産ETF（通称IYR）	ダウ・ジョーンズ米国不動産指数	約46億ドル	0.42%	2000年
SPDR®ダウ・ジョーンズREIT ETF（通称RWR US）	ダウ・ジョーンズU.S.セレクトREIT指数	約26億ドル	0.25%	2001年
バンガード・米国情報技術セクターETF（通称VGT）	MSCI USインベスタブル・マーケット・情報技術25/50インデックス	約211億ドル	0.10%	2004年
バンガード・米国ヘルスケア・セクターETF（通称VHT）	MSCI USインベスタブル・マーケット・ヘルスケア25/50インデックス	約90億ドル	0.10%	2004年

第7章

ドルで買える魅力の個別株11選

世界を変え続けるアメリカのＩＴ企業銘柄

ここからはドルで投資できるアメリカの個別株についても触れます。

投資に慣れ、企業決算や産業の特性に魅力を覚え始めたら、個別株投資を考える時期です。

円での投資信託や米国ＥＴＦは大変魅力的な投資であることに間違いありません。しかし、さらなるリターンを求めるなら、個別株投資を視野に入れてもよいでしょう。

ただし、繰り返しになりますが、**個別株投資でインデックス投資を上回るリターンを上げるのは、プロでも難しい**というのは改めて触れておきたいところです。

とはいえ、個別株投資は株式投資本来の独特な魅力があるのも事実。

そこで本章では、アメリカを代表する企業群の紹介をしつつ、その魅力の一端をお伝えします。

まだまだ強いIT界の巨人、マイクロソフト

さてアメリカの特徴は、なんといっても世界を変えるイノベーションが生まれる土壌にあります。

アメリカの二大発明家といえば、電話を発明したグラハム・ベルと、白熱電球を発明したトーマス・エジソンを挙げる人が多いです。

この2人はそれぞれAT&T（米国最大の電話会社）とゼネラル・エレクトリック（電気機器、重工業、軍事製品などのメーカー）という世界的な企業を残し、この2つの企業は大きく成長しました。

それでは、現代におけるイノベーティブな米国企業というと、どのような企業

が思い浮かぶでしょうか。

いまなら、GAFAといわれる**グーグル**、**アマゾン**、**フェイスブック**、**アップル**といったIT関連の企業が挙げられるのではないかと思います。実際、現在の株式市場においても、そうした企業の存在感は際立っています。

たとえばアップルは2012年から2018年まで長きにわたり時価総額で世界一の座を占めていました。

主力製品であるiPhoneは世界のスマホ利益のほとんどを占めるといわれており、他を圧倒しています。

スマホの販売台数を見れば87・5%がアンドロイド搭載機であり、iPhoneのシェアは12%に過ぎないにもかかわらず、です。

ただ、そんなアップルの時価総額を2018年末に抜いた企業があります。

マイクロソフト（MSFT）です。

1975年にビル・ゲイツ氏とポール・アレン氏によって設立されたマイクロ

ソフトは、パソコンOSの先駆けとして大きくシェアを獲得してきました。ウィンドウズ3・1と、続くウィンドウズ95によって、パソコンをだれもが使える存在にし、世界にインパクトを与えましたね。

ワードやエクセルといったソフトウェアは、いまでもビジネスソフト界では大きなシェアを持っています。

マイクロソフトの成長は、株価にも現れています。

ビル・ゲイツ氏が引退を発表した2006年当時の株価は26ドルでしたが、その後も創業者交代を経て、10年後の**2016年には株価が倍の53ドルほどに上昇**しています。

さらに、アップルを抜いた2018年末には100ドルを超える水準に達し、2019年には140ドルを超えています。

この要因は、ソフトウェア販売を毎年課金するように変え、コピー商品対策をしたこと、「Azure（アジュール）」というクラウドサービスが世界トップにまで成長したこと、これらが業績に大きく貢献しています。

株主への配当も増加を続けており、キャピタルゲインもインカムも狙える銘柄に育っています。

同様にソフトウェアの課金システムを変えることで売り上げと利益を大きく改善した企業としては**アドビ（ADBE）**があります。

電子書類のフォーマットとして広く利用されているPDFファイルを開発した会社ですね。

こちらもIT業界のなかでは有名な企業ですが、チャートの伸びは出色《しゅっしょく》といってよいでしょう。

直近の決算が3期連続でよくなかったのは懸念材料ではありますが、アメリカのIT企業のトレンドを知るという意味では押さえておきたい企業の1つになっています。

圧倒的な安定性と営業利益率を誇る3つの会社

ハイテクに限らず、いくつかアメリカを代表するような大手の銘柄を見ていきましょう。

ジョンソン・エンド・ジョンソン（JNJ）

いわずと知れたヘルスケアの多国籍企業です。

アメリカ・ニュージャージー州に本社を構え、製薬、医療機器、ヘルスケア全般を扱っています。

1886年創業の名門企業で、「滅菌」という概念を世界で初めて採用したことで知られています。バンドエイドやコンタクトレンズ、ベビーローションなど有名商品を多数扱っており、ドラッグストアやスーパーで多くの製品を目にすることができます。世界60カ国で事業を展開していて、業績の安定感もずば抜けています。

また、私たち一般市民には馴染みのない分野ですが、じつは病院などで使われる医療機器の売り上げランキングでも世界1位。圧倒的な強みを持っていることがわかります。

とはいえ、製薬企業個々を見ると、あまり先行きが明るいとはいえません。ジェネリック医薬品（新薬の特許が切れたあとに販売される、新薬と同じ効果を持った安い医薬品）の普及や、高齢化に伴い政治判断により影響を受けることが予想されるからです。

新しい医薬品の開発には高額な研究開発費が必要ですが、その回収が年々難しくなっています。

それでも、ジョンソン・エンド・ジョンソンは製薬だけでなく、日用品などへルスケア全般に強みを持っているため、リスクはある程度抑えられているといえそうです。米国株投資家に人気がある銘柄です。

実際、**ジョンソン・エンド・ジョンソンの売上、営業利益、純利益を振り返ると、すべての数字がゆるやかに右肩上がりを描いています。**

なにより顕著なのは営業利益の伸びです。10年前には20％ほどだった営業利益率は30％近くまで上昇しています。

歴史のある成熟企業で、これだけすべての数字が安定している企業はなかなかありません。

今後は世界的に人口が増え、先進国では高齢化を迎えます。

政治による医療費削減の影響は心配ですが、ジョンソン・エンド・ジョンソンは今後も安定的ではないでしょうか。

ただし、2019年に入り、ベビーパウダーに関わる訴訟リスクが顕在化しています。ある意味では、個別株の魅力とリスクを教えてくれる銘柄ですね。

ちなみに、基本的にはヘルスケア業界全体は伸びると思われますが、個別株だとこうしたリスクや新薬開発に伴う負担があるので、VHTなどETFでの投資のほうが無難ではあります。

ザ コカ・コーラ カンパニー(KO)

ご存じ、世界的な飲料メーカーです。薬学を専門としていたジョン・ペンバートン氏がコカ・コーラを開発したことがすべての始まりとなりました。

もともとは「フレンチ・ワイン・コカ」という、ワインとコラの実とコカの葉を調合した飲み物でした。

その後、アトランタで禁酒運動が起きたことでワインの売上を抜いたものがコカ・コーラの原型です。当時は薬用ドリンクとして売られていたようです。

1919年にアーネスト・ウッドラフ氏を中心とするグループに企業買収され、その息子のロバート・ウッドラフ氏が社長になってから、いまの明るいコカ・コーラのイメージに刷新されます。その後は、すっかり薬用ということは忘れ去られ、ソフトドリンクとして躍進してきました。

日本では現在、日本コカ・コーラ社の清涼飲料水の販売は2位のサントリーのおよそ2倍の規模で、圧倒的なシェアを誇っています。

株価を見ると、**ここ10年ほど株価も配当も2倍以上に成長しています。**

ジョンソン・エンド・ジョンソンもそうですが、**これだけ大きく、歴史の長い有名企業がまだまだ成長を続けている点に米国株の魅力を感じます。**

生活必需品系の銘柄としては安定した人気があるので、ここも知っておくとよいでしょう。また、コカ・コーラは連続増配株としても有名です。

VISA(V)

VISAは世界一のシェアを持つカード会社です。

よくマスターカード（MA）と比較されるのですが、両社とも**極めて成長性が高く、利益率も高いです。**売上も世界中で伸び続けており、今後も成長が鈍る可能性は低いといえます。

VISAはグローバルに事業展開をしていますから、新興国などの成長力も取り込みながら、成長を持続させていくでしょう。

株価については、リーマン・ショック後はくすぶっていましたが、いまは当時よりも2倍近く株価を上げています。**配当も、2008年当時の0・03ドルから、2018年時点で0・8ドルまで成長しています。**

もともと株主への配当が少ない会社なので、配当を期待するような株ではないのですが、この増配率には目を見張るものがあります。

とりわけ凄まじいのは、営業利益率です。 近年は前年比＋60％が標準になっており、売上もこの10年で3倍になっています。これだけ右肩上がりの企業はアメリカにおいても多くはありません。

ただ、将来への懸念材料がないわけでもありません。

アマゾンやアリババといったネット小売企業が独自の決済システムを導入したら、VISAの牙城《がじょう》は崩れるかもしれません。

とはいえ、VISAは世界各国でクレジット決済の場で先行者利益を十分すぎるほど築き上げています。そう簡単にシェアを崩すことはないでしょう。

マスターカードと並んでチェックしておきたい銘柄です。

日本ではややマイナーだがおもしろいアメリカ企業

ここからは、日本ではあまり知られていないけれど、非常に有力な米国株の銘柄を取り上げます。

CMEグループ（CME）

CMEグループは世界でもっとも大きな商品・金融先物取引所の持ち株会社です。元々は公営企業として、1898年に「シカゴ・バター・卵取引所」として発足したのがルーツです。その後、取り扱う先物商品が手広くなっていき、社名も変わりました。

同社が株式会社になったのはじつはかなり最近のことで、2000年です。その後、2008年には石炭、原油、電力などの先物を扱う「ニューヨーク・マーカンタイル取引所」や、アルミ、金銀銅の先物を扱う「ニューヨーク商品」と合併し、世界最大級の取引量を誇るまでに成長しました。

CMEのチャートを見ると、リーマン・ショックの影響を強く受けており、2006年9月に94ドルだった株価が2008年にいったん30ドル近辺まで下げ、長らく停滞していました。

しかし、2016年を過ぎてからは100ドルまで回復しています。

先物商品を扱う事業は、経済危機に弱いという特徴があります。

そのためリーマン・ショックのような事態になると、株価が大きく落ち込んでしまいます。

しかしCMEグループの配当は順調に成長しており、現在の配当利回りは2%前後。10年前と比べると5倍程度の成長を見せています。

特筆すべきは営業利益の高さです。

過去10年間、最低でも50%、直近では60%を超える高い営業利益を叩き出しています。

これだけ高い営業利益を出せるのは、先物取引という特殊な業態も大きいです。**CMEグループに投資をするのであれば、「経済危機の時に逆張り買いする銘柄」**としても覚えておくといいかもしれません。

つまり、経済危機で値が下がったときにあえて買っておいて、値上がり益を狙うという買い方です。

とはいえ、この買い方はタイミングが難しいです。そのため、中級者以上の方向けです。

株価が経済情勢に敏感に反応する銘柄ですから、このような使い方もできます。

CMEに限らず、**MSCI（モルガン・スタンレー・キャピタル・インターナショナル）**や**S&Pグローバル**、あるいは**ムーディーズ**や**ブラックロック**など、銀行以外の金融関連株は不況時に大きく下がる傾向があるのでチェックしておくとよいでしょう。

チェックするポイントとしては、銀行のように競争が激しい業界でなく、独特の参入障壁を築き上げている企業ということです。

ペプシコ(PEP)

ペプシコは日本では「ペプシコーラ」のイメージが強いと思いますが、コカ・コーラほどの存在感はありませんね。

しかし、じつはペプシコはネスレに次ぐ世界第2位の食品・飲料メーカーなのです。

創業の歴史は古く、1898年までさかのぼります。ノースカロライナ州のキャレブ・ブラッドハム氏が調合した消化不良の治療薬がペプシコーラのルーツです。コカ・コーラと同じく、もともとは薬用でした。

1902年にはフランチャイズの生産・販売体制を整え、全米に販路を確立します。日本は明治時代ですが、そのときにペプシコは全米にフランチャイズ網を敷いていたわけです。

とはいえ、ペプシコも順風満帆だったわけではありません。第一次世界大戦後には砂糖相場の乱高下のあおりを受けて一度経営破たんし、経営者の入れ替わりや企業買収を経験しました。

当時はコカ・コーラ社に3度買収を申し出てすべて断られたとのことですから、後発メーカーの悲哀を感じますね。

その後、ペプシコはコカ・コーラと同じ値段で倍の量を販売したり、当時の最新メディアであるラジオCMを有効に活用したりすることで売上を大きく伸ばし、ようやく経営が安定してきます。知名度も上がり、製品に対する信頼度も上がってきました。

1954年に入ると、ペプシコは海外展開に力を入れます。1965年にスナック菓子のフリトレー社を買収したことで、現在に続くペプシコ社の体制が整います。

その後もピザハットやケンタッキーフライドチキンなどを傘下に加え、世界最大のレストランチェーンを築くまでになりました。

なお、日本では、1998年からサントリーが製造販売総代理権を得て、ペプシコの製品を取り扱っています。日本でペプシコの商品が広まったのは、この提携が非常に大きいです。

ペプシコのチャートは綺麗な右肩上がりを描いており、安定した業績を反映しています。

配当も美しい右肩上がりです。

とくに2013年以降は増配のスピードが増しています。**この10年間で配当はおよそ2倍近くになっています。**

こちらも生活必需品なので大きな値上がりはないですが、安定性という意味ではやはり注目したい銘柄の1つです。

ボーイング(BA)

世界最大の航空宇宙機器開発会社です。

その歴史は古く、1916年にウィリアム・ボーイング氏によりシアトルで創業され、第一次世界大戦を皮切りに航空事業を軌道に乗せました。

戦後は外国旅行が一般化し、旅客機の需要が増えたことで、ボーイング社はさらに大きく業績を伸ばしていきます。

なかでも1969年に初飛行したB747は、大型ジェットの名機として1500機を超える数が生産され、いまも改良を加えながら現役で使用され続けています。

近年は航空機開発の多大なコストから国際分業体制に移行しており、70カ国を超える国で事業展開をしています。

15万人近くの従業員を抱え、売上高は約1000億ドルにも上る規模です。まさに唯一無二の専門性を持つ多国籍企業といってよいでしょう。

2016年には128ドルだった株価は、トランプ氏が大統領に選出された2017年には255ドルまで跳ね上がっています。株主への配当は高めで、常に3％を切ることはありませんでした。

ただ、株価上昇の影響を受けて、最近は2・5％まで下げています。

それでも、配当金額は昨年比で30％ほど増配していますから、評価されてよいでしょう。

懸念点としては、**航空機需要は不況の影響を受けやすく、今後も急激な経済危機があれば業績は悪化する可能性がある点**です。

ただボーイング社の場合は、技術の蓄積や大規模な資本がありますから、相当の経済危機でも乗り越えられる体力を持っているといえるでしょう。

この数年買い場らしい買い場がありませんでしたが、新型機である737MAX墜落事故が懸念されており、調整入りしています。

しかし、長期目線で見ればもっともアメリカらしい企業の1つとしておもしろみはあるでしょう。

アメリカ以外の有力株2社

ここまで紹介してきたのはどれもアメリカの企業でしたが、ここからはアメリカ以外の有力企業を紹介します。

ドルで投資をするようになると、じつはアメリカ以外の国への投資も簡単になります。

これを可能にしているのが**「ADR（American Depositary Receipt：米国預託証券）」**という仕組みです。

これは平たくいうと、アメリカ以外の株式をあたかもアメリカの会社の株式のように買うことのできる証券のことです。

この制度があることで、アメリカ以外の企業もアメリカの株式市場を通じてドルで資金を集めることができます。

また、私たち個人投資家も、海外株を買い株価変動や配当金のリターンを得ることができます。

ADRを使えば、私たちの投資の選択肢は飛躍的に広がります。

たとえばインド市場は成長が見込まれ、魅力がありますが、外国人には市場を開放していません。

しかしADRを使えば、個別のインド企業に投資をすることもできるのです。

それでは、アメリカ以外の個別株で注目しておきたい銘柄を2つ紹介します。

ディアジオ（DEO）

世界有数の売り上げを誇るイギリスの飲料メーカーです。

傘下ブランドのスミノフ、ジョニーウォーカー、ギネスビールなどは、日本のコンビニでも見ることのできるメジャーブランドです。

酒類メーカーとしては、世界一の規模を誇ります。

ディアジオに限らず世界の酒類メーカーは、合併を経験した会社が多いです。日本のサントリーもビーム社を合併しましたね。

一方で同じ酒類メーカーでもビールほど寡占化が進んでおらず、地場メーカーが強いことが業界の特徴としてあげられます。

そのため、地場の中小のブランドがまだまだ残されている業界です。

今後も合併を繰り返しつつ、再編、集約されていくと思われます。つまり、ブランドの取り込みですね。

業界トップのディアジオは世界の180を超える国々で事業展開しています。

2015年にブラジルの投資会社3Gキャピタルパートナーズがディアジオの買収を検討するという報道があり、株価は一時急騰しました。

しかし、その後具体化することなく沈静化しています。

安定した売り上げと世界中に張り巡らされた販路、ブランド力に裏付けられた利益率が魅力です。

ＢＨＰビリトン（ＢＨＰ）

ＢＨＰビリトンはオーストラリアの会社です。世界最大の鉱業会社として知られ、鉄、ダイヤモンド、ボーキサイト（アルミニウムの原料）、石油、石炭、銀といった多くの鉱石を扱っています。

ヴァーレ（ブラジル）、**リオ・ティント**（イギリス・オーストラリア）とともに、世界三大資源メジャーの一つに数えられます。

ＢＨＰビリトンの強みは、扱っている鉱業分野の広さに加え、そのことごとくで大きなシェアを持っている点です。

シェアを持つということは、価格決定力を持っているということですから、業績に直結します。

ただし、英蘭系の**ロイヤル・ダッチ・シェル**や**ＢＰ（ブリティッシュ・ペトロリアム）**などと同様、ＢＨＰビリトンは資源関連の株ですから、世界の経済情勢の影響を強く受ける点に注意が必要です。

かつては配当が８％を超える凄まじい状況でしたが、近年は中国経済の減速にともなって鉄鉱石の需要が低下し、原油安などが業績を直撃しました。

その結果、2016年には27年ぶりに減配、決算も赤字に転落しています。

このように苦しい時期を迎えたBHPビリトンでしたが、2017年に中国経済が持ち直したことで業績は回復途上に入っています。

BHPビリトンの最大の輸出相手国は中国ですから、株を買うのであれば中国の今後の状況も注意しておいたほうがよいでしょう。

石油株ふくめ、資源メジャーにはかつてのような強みはありません。

商品市況への連動性が高いため、値動きを見て利益を取りに行くというタイプの投資に向いています。

しかし、このようなダイナミックさは世界株ならではで、米国ドルを持っていればこのような投資ができるということでご紹介しました。

本書でご紹介できる株式には限りがありますが、たぱぞうのブログでは随時、注目銘柄について紹介しています。

もうおわかりいただけたと思いますが、**「ドルで投資をする」ということを選択肢に入れると、投資の幅は非常に広がります。**

私たちはどうしてもテレビCMや広告などでよく目にする日本企業にばかり関心が行ってしまいます。

しかし、一度アメリカの株式市場に目を向ければ、日本では知名度の低いマイナーな会社でも、成長性に富み、業績が安定し、あるいは高配当を出してくれる会社がいくらでもあるわけです。

一見とっつきにくいと感じられるかもしれませんが、豊富なメリットがありますから、ぜひドル投資にもチャレンジしてみてください。

本章で紹介したドルで買える株の個別銘柄一覧				
社名	セクター	時価総額	直近12ヶ月の1株あたり利益(EPS)	直近の配当利回り
マイクロソフト(MSFT)	テクノロジー	約1兆340億ドル	4.75ドル	1.36%
アドビ(ADBE)	テクノロジー	約1400億ドル	5.3ドル	—
ジョンソン・エンド・ジョンソン(JNJ)	ヘルスケア	約3372億ドル	7.31ドル	2.97%
コカ・コーラ(KO)	生活必需品	約2332億ドル	2.16ドル	2.93%
VISA(V)	金融	約3523億ドル	5.17ドル	0.56%
マスターカード(MA)	金融	約2804億ドル	7.09ドル	0.48%
CMEグループ(CME)	金融	約768億ドル	6.03ドル	1.40%
ペプシコ(PEP)	生活必需品	約1869億ドル	5.45ドル	2.86%
ボーイング(BA)	資本財	約2020億ドル	6.06ドル	2.29%
ディアジオ(DEO)	生活必需品	約987億ドル	—	2.54%
BHPビリトン(BHP)	マテリアル	約1129億ドル	—	6.61%

ということで株子ちゃん！投資のこと、株のこと、ざっくり理解できたかな？
うん！今までは投資なんて未知の世界だったけど具体的なやり方のイメージが湧いたよ
米国株投資…すごくいいね…！預金なんてしてるの馬鹿らしくなっちゃった！
フフフ…
ウフフフフフフフ♡
銀行に預けてる○百万…思い切って全部、株にまわそっかな～♡
バッバッ
待て待て!!
極端だな君は！
最初にも言ったけど預金は何かあった時のための備蓄！
必要な資産の一つだよ！

忘れないで株子ちゃん！
私が教えた米国株投資は
一発逆転大儲けできる
ギャンブルじゃない
堅実に資産形成
するための…
リスク分散のための
投資なんだたぱ！
ええ？
株の方がずっと
利回りが良くても
預金も残しておいた
方がいいの？
そう！
資産形成は
バランス感覚が大事！
ギャンブルみたいに
一点張りするのは
リスキーだよ！
おさらい！
理想の資産形成
ジャガイモに例えると…
○ 預金＋投資の場合
破産のリスクを避けつつ
将来にも備えられる！
半分残して
半分植えよう！
蓄
× 投資だけした場合
失敗した時の
セーフティネットがない
栽培して
増やそうとしたら
全滅したー！
しおしお…
ギャー！
× 預金だけした場合
減ることはあっても
増えることはないので
将来が不安…
残り少なくなってきた…
さらに節約しよう…
うっ…ひもじい…
なるほど…

ふう
危なかった… ついお金に 目が眩んでしまった…
も〜〜… 君に投資の大切さを 伝えたら未来に 帰るつもりだったけど…
心配だから やっぱりしばらく そばで見守るたぱ！
わあっ
やった〜！ まだまだ分からない ことも多いし… 一緒に勉強してくれると 心強いや
今日教えたのは投資と 株の入り口だけだから… もっと詳しく知りたければ 私がウェブで発信してる 情報も見てみてね
ほい
おお〜
Twitter：
たぱぞう @米国株ブロガー (@tapazou29)
BLOG
ブログ：
たぱぞうの米国株投資
ありがとう、たぱぞう！ ちょっとずつ 投資に挑戦してみるから これからもよろしくね！
うん！ 未来を変えるために 一緒に動き出そう！

おわりに

2000年4月から投資を始め、暗黒の2000年代を経てもみくちゃにされながらも、投資をコツコツと続けてきました。

始めたばかりのころは、デイトレードや数日、あるいは数ヶ月での投資が良いと思っていました。つまり低いところで買い、高いところで売る、しかもそれが短期だとよい。そう考えていました。決算書の見方もわからず、闇雲に投資をしていましたので、効率が非常に悪かったのを覚えています。

度胸だけはあり、極端に下がった株を買い続けていました。危険極まりないですね。

2010年以降は米国株投資ばかりをしています。

2000年からの資産額の増え方と、2010年以降の資産額の増え方には雲泥の差があります。間違った努力を続けても効果は得にくく、少ない努力で最大の効果を得る工夫をしたほうがよいということですね。

そういう意味では、米国株インデックス投資はだれでもできる効果的な投資術です。とくに昨今日本円で買えるようになった米国株投信は画期的で、この登場によってだれもが簡単に米国株に投資できるようになりました。これを入り口として、米国株ETF、さらに興味が出れば個別株投資を始めてもよいでしょう。

ただし、難しいことをしたから投資効率が上がるわけではありません。「投資」と「節約」というのは資産形成の両輪ですから、投資と節約を重ねれば、だれもが老後資産ぐらいならばつくれる可能性があります。

私たちの住む日本という国、企業への投資が難しいのは残念ではあります。

しかし、こういう考え方もあります。これから成長する国、あるいは発展する企業に投資をすることにより、その利益を日本に還流させ、貢献していくこともできるのです。そういう意味では、私たち1人ひとりの資産形成を通して、社会全体を豊かにしていくことも不可能ではない、かもしれません。

もともと私は単なる株好きの個人投資家でした。カリスマ的な取引のうまさもなければ、並外れた入金力を備えているわけではありません。

それでも、投資する対象と時期に恵まれ、間違えなかったおかげでそれなりの資産を築けました。

本書の方法は再現性の高いものです。つまり、だれもができるということです。

幸い共感してくれる方がおり、いまでは投資顧問でのアドバイザーの仕事や、出版などの機会をいただきました。感謝の気持ちを忘れず、これからも「だれもができる投資術」を目指して、投資をわかりやすくしていきたいと思います。

年収がほとんど増えない、株価がほとんど伸びない、そういう困難な時代を迎えている日本です。しかし、だからといって資産運用ができないわけではないのです。どこにどのように投資をすればよいのか、資産を増やすことができるのか。

それは意外とシンプルなものだと確信しています。

困難な時代を生き抜く投資術を求めて、ともにがんばりましょうね。

たぱぞう

たぱぞう

月間100万 PV 超の投資ブログ「たぱぞうの米国株投資」の管理人。2000年からなけなしの初任給で日本株を買い始めたのが投資歴の始まり。リーマン・ショックなどを経つつも辛うじて退場を免れる。為替が1ドル80円を切ったことから、米ドルに投資資金を切り替え、米国株投資を同時に開始。途中、妻の病気に伴う介護、育児、家事、仕事に追われ、資産以前に私生活が四散寸前になる。その時に支えてくれた職場の仲間に深く感謝する。しかし、支えてくれた職場の若い人たちが仕事に熱心で、老後資産などを考慮した資産運用をまったくしないことに危機感を抱く。今考えるととんでもなくおせっかいだが、ささやかな恩返しの意味で人生を豊かにする手間のかからない基本的な資産運用術をブログで綴ることを決意。その時の思いを大切に、「誰もができる投資術の提案」をモットーとし、ブログを書きつつ投資顧問にてアドバイザーをしているほか、セミナーなどを通じて米国株投資を広めている。現在は独立し、資産管理会社を経営。

「たぱぞうの米国株投資」
https://www.americakabu.com/

編集協力　小林義崇
マンガ　アゲオカ
ブックデザイン　タイプフェイス（AD：渡邊民人、D：谷関笑子）
図版作成　五十嵐好明（LUNATIC）
校正　鷗来堂

40代で資産1億円！寝ながら稼げるグータラ投資術

2019年11月1日　第1刷発行
2020年12月1日　第5刷発行

著者　たぱぞう
発行人　櫻井秀勲
発行所　きずな出版
東京都新宿区白銀町1-13　〒162-0816
電話03-3260-0391　振替00160-2-633551
http://www.kizuna-pub.jp
印刷・製本　モリモト印刷

ISBN978-4-86663-091-5

\\\ いますぐ手に入る！///

『寝ながら稼げる グータラ投資術』

読者限定！
★無料プレゼント★

PDF 超豪華！未公開原稿
「年代別の投資戦略について」

本書を通して、米国株投資について深く学んでいただきました。

じつは、ある事情から泣く泣くカットせざるを得なかった、未公開原稿があります。

そこで、未公開原稿を読者限定でプレゼントさせていただきます！

ぜひ手に入れて、最大限の学びと結果を得てくださいね。

無料プレゼントの受取はこちらから！

http://www.kizuna-pub.jp/gutara-gift/

※PDFはWEB上で公開するものであり、冊子等をお送りするものではございません。あらかじめご了承ください。